2021-2022
17e édition

L'essentiel du DROIT DES OBLIGATIONS

Corinne Renault-Brahinsky

Gualino
un savoir-faire de Lextenso

LES CARRÉS

Cette collection de livres présente de manière synthétique, rigoureuse et pratique l'ensemble des connaissances que l'étudiant doit posséder sur le sujet traité. Elle couvre :

- le Droit et la Science Politique,
- les Sciences économiques,
- les Sciences de gestion,
- les concours de la Fonction publique.

Corinne Renault-Brahinsky, est Docteur en droit et auteur de nombreux livres de droit à destination des étudiants en droit (licence et master). Retrouvez-la sur Twitter (@CorinneRB) ou sur Facebook (L'auteur Corinne Renault-Brahinsky).

Du même auteur, chez le même éditeur :

Collection « Carrés Rouge »

- L'essentiel du Droit de la peine, 2e éd. 2021-2022.
- L'essentiel du Droit des personnes, 15e éd. 2021-2022.
- L'essentiel du Droit de la famille, 20e éd. 2021-2022.
- L'essentiel du Droit des obligations, 17e éd. 2021-2022.
- L'essentiel de la Procédure pénale, 21e éd. 2021-2022.
- L'essentiel du Droit des successions, 13e éd. 2021-2022.
- L'essentiel du Droit des régimes matrimoniaux, 13e éd. 2021-2022.
- L'essentiel des Grands arrêts du droit des obligations, 3e éd. 2021-2022.
- L'essentiel de la Réforme du droit des obligations, 2e éd. 2018.

Collection « Mémentos »

- Droit des régimes matrimoniaux, 12e éd. 2021-2022.
- Droit des obligations, 18e éd. 2021-2022.
- Procédure pénale, 22e éd. 2021-2022.
- Droit des personnes et de la famille, 20e éd. 2021-2022.
- Droit des successions, 12e éd. 2021-2022.

Collection « Droit en poche »

- La réforme de la justice des mineurs, 2e éd. 2021, à paraître.
- La loi de programmation 2018-2022 et de réforme pour la justice décryptée, 2019.
- Le nouveau divorce sans juge, 2017.
- Le nouveau droit des contrats, 2e éd. 2018.

© 2021, Gualino, Lextenso
1, Parvis de La Défense
92044 Paris La Défense Cedex
ISBN 978-2-297-13428-6

Suivez-nous sur www.gualino.fr
Contactez-nous **gualino@lextenso.fr**

PRÉSENTATION

L'ensemble des connaissances indispensables à la compréhension du droit des obligations est présenté dans cet ouvrage, de façon claire et structurée en quatre parties :

- *le contrat* : principes généraux, consentement, forme du contrat, contenu du contrat, sanction des conditions de fond du contrat, effets du contrat, durée du contrat, cession du contrat, inexécution du contrat ;
- *la responsabilité civile* : dommage, lien de causalité, responsabilité du fait personnel, responsabilité du fait d'autrui, responsabilité du fait des choses, accidents de la circulation, mise en œuvre de la responsabilité civile ;
- *les quasi-contrats* : gestion d'affaires, paiement de l'indu et enrichissement injustifié ;
- *le régime des obligations* : modalités de l'obligation, opérations sur obligations, actions ouvertes au créancier, extinction de l'obligation, restitutions.

Le droit des obligations a récemment fait l'objet d'une réforme majeure : le droit des contrats a été largement rénové par l'ordonnance n° 2016-131 du 10 février 2016 portant réforme du droit des contrats, du régime général et de la preuve des obligations, ratifiée par la loi n° 2018-287 du 20 avril 2018.

L'ordonnance n° 2016-131 du 10 février 2016 est entrée en vigueur le 1er octobre 2016. Les contrats conclus avant cette date sont soumis à la loi ancienne, sauf pour les dispositions des articles 1123, alinéas 3 et 4 (action interrogatoire en matière de pacte de préférence), 1158 (action interrogatoire en matière de représentation), et 1183 (action interrogatoire en matière de nullité), applicables ***immédiatement***. Lorsqu'une ***instance a été introduite*** avant l'entrée en vigueur de l'ordonnance, l'action est poursuivie et jugée conformément à la loi ancienne. Cette règle s'applique également en appel et en cassation. La date d'entrée en vigueur de la loi de ratification du 20 avril 2018 a été fixée au 1er octobre 2018.

Le ministère de la Justice a également lancé fin avril 2016 une consultation sur un avant-projet de loi de réforme de la responsabilité civile. Un projet de réforme a été présenté le 13 mars 2017 par le garde des Sceaux mais n'a pas été déposé devant le Parlement.

Cet ouvrage s'adresse aux étudiants en licence et master Droit ainsi qu'aux candidats aux divers concours des professions judiciaires et juridiques.

Avertissement

NB : sauf précision contraire, les articles cités sont ceux du Code civil.

PLAN DE COURS

PLAN DE COURS

PARTIE 1
Le contrat

PLAN DE COURS

PARTIE 2
La responsabilité civile

PARTIE 3
Les quasi-contrats

PLAN DE COURS

PARTIE 4
Le régime des obligations

Liste des abréviations utilisées

al.	Alinéa
art.	Article
Cass. ass. plén.	Assemblée plénière de la Cour de cassation
Cass. ch. mixte	Cour de cassation siégeant en Chambre mixte
Cass. 1re civ., Cass. 2e civ., Cass. 3e civ.	Première, deuxième, troisième chambre civile de la Cour de cassation
Cass. com.	Arrêt de la chambre commerciale de la Cour de cassation
CCH	Code de la construction et de l'habitation
C. civ.	Code civil
C. com.	Code de commerce
C. consom.	Code de la consommation
C. mon. fin.	Code monétaire et financier
CPC exéc.	Code des procédures civiles d'exécution
CPI	Code de la propriété intellectuelle
C. transp.	Code des transports
VTM	Véhicule terrestre à moteur

Chapitre 1

Les principes généraux relatifs à l'obligation

L'obligation est un lien de droit c'est-à-dire un rapport juridique entre deux personnes en vertu duquel l'une d'elles, le créancier, a le pouvoir d'exiger de l'autre, le débiteur, l'accomplissement d'une prestation.

1 Les sources des obligations

Les obligations trouvent leurs sources dans les actes juridiques, les faits juridiques ou l'autorité seule de la loi (art. 1100).

■ *L'acte juridique*

« Les ***actes juridiques*** sont des manifestations de volonté destinées à produire des effets de droit. Ils peuvent être conventionnels ou unilatéraux » (art. 1100-1, al. 1er).

Les règles qui régissent la validité et les effets des actes juridiques sont « en tant que de raison », celles qui gouvernent les contrats (art. 1100-1, al. 2). Les règles du droit des contrats sont donc applicables à tous les actes juridiques. Le contrat est en effet l'acte juridique le plus répandu.

Il existe d'autres actes juridiques que le contrat :

– l'***acte juridique unilatéral*** est la manifestation de volonté d'une seule personne par laquelle elle détermine des effets de droit. Il s'agit par exemple du testament ou de la reconnaissance d'un enfant. L'acte unilatéral doit être distingué du contrat unilatéral, qui est un accord de volontés entre plusieurs personnes, mais qui fait naître des obligations à l'égard d'une seule d'entre elles. L'acte juridique unilatéral est désormais considéré comme étant créateur d'obligations, mais il ne peut créer d'obligations à la charge d'autrui. Le régime des contrats est transposé aux actes juridiques unilatéraux, à l'exception des règles qui supposent l'existence de deux ou plusieurs parties. Le régime juridique des actes juridiques unilatéraux n'est pas uniforme : il n'existe pas de théorie générale de l'acte unilatéral ;

– l'***acte juridique collectif*** est un accord de volontés entre soit deux groupes de personnes, soit un groupe de personnes et un individu. Il peut s'agir d'« *actes unilatéraux collectifs* », c'est-à-dire de manifestations de volonté de plusieurs personnes toutes tendues vers le même but (ex. : décisions prises à la majorité par les membres d'une collectivité) ou de « *contrats collectifs* », qui peuvent être définis comme des accords de volontés soit entre deux collectivités, soit entre une collectivité et un individu (ex. : conventions collectives de travail). Il n'existe pas de droit commun c'est-à-dire de théorie générale de l'acte collectif, chacun d'eux faisant généralement l'objet d'une réglementation spécifique.

■ *Le fait juridique*

« Les faits juridiques sont des agissements ou des événements auxquels la loi attache des effets de droit » (art. 1100-2, al. 1er). Il peut s'agir de faits volontaires (quasi-contrats, faits générateurs de responsabilité) ou involontaires (naissance).

Le régime juridique des faits juridiques est prévu par les dispositions relatives à la responsabilité extracontractuelle ou aux autres sources d'obligations (art. 1100-2, al. 2).

■ *L'obligation naturelle*

L'obligation naturelle est une obligation dépourvue de sanction : le créancier ne possède pas le pouvoir de contrainte. L'obligation naturelle relève d'un devoir de conscience envers le créancier.

a) La notion d'obligation naturelle

Il existe deux théories relatives à l'obligation naturelle :

– selon la première théorie (classique) dite ***théorie objective***, une obligation naturelle est imparfaite car éteinte (dette prescrite) ou nulle d'une nullité qui ne heurte pas l'ordre public. Les tenants de cette théorie opposent les obligations civiles, qu'ils qualifient de « *parfaites* », aux obligations naturelles qu'ils qualifient d'« *imparfaites* » ;

– selon la deuxième théorie (moderne) dite ***théorie subjective***, l'obligation est un devoir moral, un devoir de conscience particulièrement fort, mais qui n'est pas sanctionné par le droit. Certains auteurs ont parlé d'« obligation civile dégénérée » ou de « devoir moral qui monte vers l'obligation civile » (Ripert).

La réforme de 2016 a consacré la seconde théorie.

b) Les effets de l'obligation naturelle

Le mécanisme permettant la transformation de l'obligation naturelle en obligation civile est demeuré longtemps incertain. Dans un arrêt du 10 octobre 1995, la Cour de cassation a estimé que la transformation, improprement qualifiée novation, d'une obligation naturelle en obligation civile, repose sur un engagement unilatéral d'exécuter l'obligation naturelle et ne nécessite donc pas qu'une obligation civile ait elle-même préexisté à celle-ci (*Cass. 1re civ., 10 oct. 1995, n° 93-20300*) : son analyse consiste à considérer que l'exécution ou la promesse d'exécution d'une obligation naturelle constitue un ***engagement unilatéral de volonté***. L'ordonnance du 10 février 2016 a validé la jurisprudence de 1995 : les obligations « peuvent naître de l'***exécution volontaire ou de la promesse d'exécution d'un devoir de conscience envers autrui*** » (art. 1100, al. 2).

L'obligation naturelle ne peut faire l'objet d'un paiement forcé, mais si elle a été payée volontairement, cet engagement est valable et celui qui a payé ne peut en obtenir remboursement (art. 1302, al. 2).

2 Les caractères de l'obligation

Le rapport d'obligation a un ***caractère obligatoire***. Le débiteur doit exécuter l'obligation, à défaut de quoi il s'expose à une action en justice. L'obligation civile s'oppose en ce sens à l'obligation naturelle (v. *supra*).

Le rapport d'obligation a un ***caractère personnel*** : il met en rapport deux personnes désignées. Le créancier possède un droit contre le débiteur. Il est cependant désormais admis que le débiteur peut changer. Ainsi, alors que le caractère personnel de l'obligation devrait imposer son intransmissibilité, l'obligation est devenue en principe ***transmissible***. La transmission peut être active du côté du créancier ou passive du côté du débiteur.

Le rapport d'obligation a un ***caractère patrimonial*** : il a une valeur pécuniaire. Il porte sur l'ensemble du patrimoine du débiteur, c'est-à-dire sur les droits de créance (passif) et les droits réels (actif). Néanmoins, l'admission de la réparation du préjudice moral apporte une limite au caractère purement patrimonial du rapport d'obligation.

Enfin, le rapport d'obligation a un ***caractère mobilier*** : il s'agit d'un bien qui se trouve à l'actif du patrimoine du créancier, parmi les biens mobiliers incorporels.

3 La preuve des obligations

Le Code civil consacre désormais un titre complet à la preuve des obligations.

■ *Les principes généraux relatifs à la preuve*

Celui qui réclame l'exécution d'une obligation doit en apporter la preuve, de même que ***celui qui s'en prétend libéré*** (art. 1353).

La loi peut attacher à certains actes ou faits une ***présomption*** qui « dispense celui au profit duquel elle existe d'en rapporter la preuve » (art. 1354, al. 1er). Une hiérarchie est établie entre les présomptions en fonction de leur force probante (art. 1354, al. 2) :

- la ***présomption simple*** est celle pour laquelle la loi réserve la preuve contraire et qui peut être renversée par tout moyen de preuve ;
- la ***présomption mixte*** est celle pour laquelle les moyens de preuve contraire sont limités par la loi ;
- la ***présomption irréfragable*** est celle qui ne peut être renversée.

« Les ***contrats sur la preuve*** sont valables lorsqu'ils portent sur des droits dont les parties ont la libre disposition » (art. 1356). Sont néanmoins interdites les clauses qui contredisent les présomptions irréfragables établies par la loi, celles qui modifient la foi attachée à l'aveu ou au serment et celles qui établissent une présomption irréfragable au profit de l'une des parties (art. 1356, al. 2).

L'***autorité de la chose jugée*** interdit au juge de trancher à nouveau sur un litige déjà examiné par un tribunal, à certaines conditions (identité de cause, de parties et de qualité ; art. 1355).

■ *L'admissibilité des modes de preuve*

Sur quoi doit porter la preuve et comment doit-elle être rapportée ?

a) Le principe de la liberté de la preuve

La preuve est libre : elle peut être apportée par ***tout moyen***, à l'exception des cas où la loi en dispose autrement (art. 1358).

b) Les exceptions à la liberté de la preuve

Les textes prévoient parfois l'***obligation de prouver par écrit***.

1) L'obligation de prouver par écrit

Par exception, un écrit est imposé pour un grand nombre d'actes juridiques :

- la preuve de l'***acte juridique*** ***« portant sur une somme ou une valeur excédant un montant fixé par décret*** » (1 500 € ; D. 20 août 2004) doit être apportée par écrit sous signature privée ou authentique (art. 1359, al. 1er) ;
- il ne peut être ***prouvé outre ou contre un écrit***, « même si la somme ou la valeur n'excède pas ce montant » que par un autre écrit sous signature privée ou authentique (art. 1359, al. 2) ;
- il n'est pas possible d'échapper à l'exigence d'une preuve par écrit sous signature privée ou authentique pour celui qui ***restreint sa demande ou fractionne sa demande*** pour parvenir à une somme inférieure au seuil de 1 500 € (art. 1359, al. 2 et 3).

2) L'impossibilité matérielle ou morale de se procurer un écrit

En cas d'***impossibilité matérielle ou morale de se procurer un écrit***, s'il est d'***usage*** de ne pas établir un écrit, ou lorsque l'écrit a été perdu par ***force majeure***, il peut être fait exception à l'obligation de prouver par écrit (art. 1360).

c) Les moyens de suppléer l'écrit

L'aveu judiciaire, le serment décisoire ou un commencement de preuve par écrit corroboré par un autre moyen de preuve peuvent ***suppléer l'écrit*** (art. 1361).

Le ***commencement de preuve par écrit,*** c'est-à-dire « tout écrit qui, émanant de celui qui conteste un acte ou de celui qu'il représente, rend vraisemblable ce qui est allégué » (art. 1362, al. 1er) ***doit être complété***.

Peuvent servir de commencement de preuve par écrit (art. 1362, al. 2 et 3) :

- les ***déclarations*** faites par une partie lors de sa comparution personnelle, son ***refus de répondre ou son absence*** à la comparution ;
- la mention d'un écrit authentique ou sous signature privée sur un ***registre public***.

■ *Les différents modes de preuve*

Les différents modes de preuve sont l'écrit, le témoignage, la présomption judiciaire, l'aveu et le serment.

a) La preuve par écrit

« L'écrit consiste en une suite de lettres, de caractères, de chiffres ou de tous autres signes ou symboles dotés d'une signification intelligible, quel que soit leur support » (art. 1365).

1) *Dispositions générales*

« ***Nul ne peut se constituer de titre à soi-même*** » (art. 1363) mais il est possible de préconstituer la preuve d'un acte juridique par un écrit en la forme authentique ou sous signature privée (art. 1364).

L'écrit papier et l'écrit électronique sont considérés comme équivalents, à condition que « puisse être dûment identifiée la personne dont il [l'écrit électronique] émane et qu'il soit établi et conservé dans des conditions de nature à en garantir l'intégrité » (art. 1366), de même que la ***signature électronique et la signature manuscrite***, dès lors que la première « consiste en l'usage d'un procédé fiable d'identification garantissant son lien avec l'acte auquel elle s'attache » (art. 1367). Le procédé est présumé ***fiable*** « jusqu'à preuve contraire, lorsque la signature électronique est créée, l'identité du signataire assurée et l'intégrité de l'acte garantie, dans des conditions fixées par décret en conseil d'État » (D. n° 2017-1416, 28 sept. 2017).

Le juge règle les ***conflits de preuves*** en déterminant, à défaut de dispositions ou de conventions contraires, lequel des titres est ***le plus vraisemblable*** (art. 1368).

2) *L'acte authentique*

L'acte authentique est celui qui a été dressé par un officier public (art. 1369, al. 1er). Il est dispensé de toute ***mention manuscrite*** exigée par la loi lorsqu'il est reçu par notaire (art. 1369, al. 3). Il « peut être dressé sur ***support électronique*** » sous réserve du respect de certaines conditions (art. 1369-1, al. 2). Il fait foi ***jusqu'à inscription de faux*** (art. 1371).

3) *L'acte sous signature privée*

L'acte sous signature privée est un acte rédigé par les parties elles-mêmes. Il ***fait pleine foi de la convention qu'il renferme*** (art. 1372) entre les parties et à l'égard de leurs ***héritiers et ayants cause***, dès lors qu'il est reconnu par celui à qui on l'oppose ou que la loi le considère comme tel (art. 1372).

La ***formalité du double*** est exigée pour les contrats synallagmatiques (art. 1375) mais les parties ont désormais la possibilité d'y faire exception en convenant de remettre à un tiers l'unique exemplaire dressé (art. 1375, al. 1er, *in fine*). La signature de celui qui souscrit, ainsi que la ***mention manuscrite*** par celui-ci de la somme ou de la quantité en toutes lettres et en chiffres, sont également exigées pour les actes constatant un engagement unilatéral portant sur une somme d'argent ou un bien fongible.

La réforme de 2016 a introduit dans le Code civil l'acte sous signature privée ***contresigné par avocat*** (art. 1374). Il s'agit d'un acte sous signature privée, dispensé de toute mention manuscrite exigée par la loi (art. 1374, al. 3), dont la force probante est renforcée. Les parties comme leurs héritiers et ayants cause ne peuvent pas en dénier la signature ou ne pas reconnaître les signatures figurant sur l'acte, c'est-à-dire que la procédure de vérification d'écriture ne peut s'appliquer. « La procédure de faux prévue par le Code de procédure civile lui est applicable » (art. 1374, al. 2).

4) Les autres écrits

Trois types supplémentaires d'écrits peuvent être distingués :

– les ***registres et documents des professionnels*** (art. 1378) ont, contre leur auteur, la même force probante que les écrits sous signature privée, à condition de ne pas en diviser les mentions ;
– les « ***registres et papiers domestiques*** » ne peuvent constituer une preuve en faveur de celui qui les a écrits (art. 1378-1) ;
– la ***mention libératoire*** (art. 1378-2), portée par le créancier sur un titre original ou la mention portée sur le double d'un titre ou d'une quittance, crée une présomption simple de libération du débiteur, dès lors que celui-ci l'a toujours en mains.

b) Les autres modes de preuve

Plusieurs autres modes de preuve sont prévus par le Code civil :

– la ***copie***, qui a la même force probante que l'original, à condition d'être fiable et durable (art. 1379) ;
– l'***acte récognitif***, qui permet de reconnaître un droit déjà constaté dans un acte antérieur en y faisant figurer à nouveau la signature des parties. Il fait foi dès lors qu'il reproduit la teneur de l'acte original (art. 1380, al. 2) ;
– le ***témoignage*** d'un tiers, dont la force probante est laissée à l'appréciation du juge (art. 1381) ;
– les ***présomptions*** autres que celles établies par la loi, qui sont laissées à l'appréciation du juge qui ne peut les prendre en compte que « si elles sont graves, précises et concordantes » et uniquement dans les cas où la loi admet la preuve par tout moyen ;
– ***l'aveu, judiciaire ou extrajudiciaire***, défini comme « la déclaration par laquelle une personne reconnaît pour vrai un fait de nature à produire contre elle des conséquences juridiques » (art. 1383) ;
– le ***serment***, qui peut être ***décisoire*** (de ce serment dépend le jugement de la cause ; sa force probante est absolue ; art. 1384) ou ***supplétoire*** (déféré d'office par le juge à une partie et dont la force probante « *est **laissée à l'appréciation du juge*** » ; art. 1386).

PARTIE 1
Le contrat

Les obligations peuvent trouver leur source dans les actes juridiques (art. 1100), dont le principal est le contrat.

Chapitre 2

Les principes généraux du droit des contrats

L'ordonnance du 10 février 2016 a modifié la définition du contrat et introduit dans le Code civil des dispositions liminaires rassemblant les principes fondamentaux applicables à tous les contrats.

1 La notion de contrat

L'ordonnance du 10 février 2016 a substantiellement modifié la définition du contrat dans l'objectif de la moderniser : « Le contrat est un accord de volontés entre deux ou plusieurs personnes, destiné à créer, modifier, transmettre ou éteindre des obligations ». Toute référence à la ***convention*** a disparu de la nouvelle définition du contrat. Cette définition marque également la ***fin de la distinction entre obligation de donner, de faire ou de ne pas faire***, qui faisait l'objet d'une contestation importante de la part de la doctrine. Le contrat est désormais « destiné à créer, modifier, transmettre ou éteindre des obligations » (art. 1101).

Le contrat est l'acte juridique le plus répandu ; il en existe d'autres, notamment ***l'acte juridique unilatéral*** et ***l'acte juridique collectif*** (v. *supra*). Les actes juridiques, qu'ils soient conventionnels ou unilatéraux, « obéissent, en tant que de raison, pour leur validité et leurs effets, aux règles qui gouvernent les contrats » (art. 1100-1, al. 2).

2 Les principes fondamentaux du droit des contrats

Le Code civil regroupe désormais dans des dispositions liminaires les principes fondamentaux du droit des contrats : il s'agit de la liberté contractuelle, de la force obligatoire du contrat et de la bonne foi, auquel peut être ajouté le fondement du contrat que constitue l'autonomie de la volonté.

La liberté contractuelle

L'ordonnance du 10 février 2016 a consacré la liberté contractuelle pour la première fois dans le Code civil : « Chacun est libre de contracter ou de ne pas contracter, de choisir son cocontractant et de déterminer le contenu et la forme du contrat dans les limites fixées par la loi. La liberté contractuelle ne permet pas de déroger aux règles qui intéressent l'ordre public » (art. 1102).

La liberté contractuelle porte sur ***3 éléments*** :

- le choix de contracter ou pas ;
- le choix du contractant ;
- le choix du contenu et de la forme du contrat.

Le Conseil constitutionnel a indirectement reconnu ***valeur constitutionnelle*** à cette règle par une décision du 13 juin 2013. Cette liberté existe dans les limites fixées par la loi et ne permet pas de déroger aux règles qui intéressent l'ordre public.

La force obligatoire du contrat

« Les contrats légalement formés ***tiennent lieu de loi*** à ceux qui les ont faits » (art. 1103 ; v. Chapitre 8).

La bonne foi

« Les contrats doivent être négociés, formés et exécutés de bonne foi » (art. 1104, al. 1er). L'obligation d'agir de bonne foi s'applique non seulement à l'exécution du contrat mais également, conformément à la jurisprudence, à la ***négociation et à la formation*** du contrat. Cette disposition est d'***ordre public*** (art. 1104, al. 2).

Le fondement du contrat : l'autonomie de la volonté

Les règles du droit des contrats sont le reflet de conceptions philosophiques. Il existe une théorie traditionnelle, aujourd'hui en déclin, expliquant le fondement du contrat : la théorie de l'autonomie de la volonté. La philosophie de l'autonomie de la volonté a pris naissance au XVIIIe siècle. Le Code civil n'y fait aucune allusion directe.

La théorie de l'autonomie de la volonté part de l'idée que la ***volonté de l'homme est souveraine***, autonome : seul un acte de volonté de la personne pourrait faire qu'elle soit engagée. On ne saurait être engagé que si on l'a voulu et dans la mesure où on l'a voulu. Le contrat ne pourrait être équitable que dans la mesure où il aurait été voulu : « Qui dit contractuel dit juste » (Fouillée, disciple de Kant). La recherche par chacun de ses propres intérêts dans le contrat correspondrait à l'intérêt général. Cette théorie est parfois associée à celle du contrat social.

L'autonomie de la volonté a pour effet de consacrer la ***primauté du contrat comme source d'engagement*** dans la mesure où seul un acte de volonté libre pourrait justifier l'engagement. Les autres sources d'engagement ne pourraient être qu'exceptionnelles.

L'autonomie de la volonté a des conséquences sur les règles techniques de l'engagement contractuel, notamment sur les ***règles de formation*** (consensualisme). Du point de vue des ***effets du contrat***, l'autonomie de la volonté a pour conséquence de donner une importance particulière aux principes de la force obligatoire du contrat et de l'effet relatif du contrat.

La théorie de l'autonomie de la volonté perd peu à peu de son importance, même si le Conseil constitutionnel lui a finalement reconnu ***valeur constitutionnelle*** (*Cons. const., 3 août 1994, n° 94-348 DC ; 20 mars 1997, n° 97-388 DC*).

La théorie de l'autonomie de la volonté a fait l'objet de ***critiques*** d'une part sur le terrain des principes, dans la mesure où si la volonté peut créer un engagement, c'est avant tout parce que la loi le permet et le juge socialement utile, d'autre part sur ***le terrain des réalités économiques et sociales***, la liberté contractuelle étant parfois inefficace pour garantir la justice sociale et économique. La loi intervient donc pour rétablir un équilibre contractuel entre les parties, c'est-à-dire pour ***restaurer les conditions d'un engagement libre***. Ainsi, les ***règles d'ordre public*** se sont fortement développées depuis la fin du XIXe siècle. Les atteintes à l'autonomie de la volonté apparaissent sous différents aspects : atteintes à la liberté contractuelle (phénomène des contrats forcés, des contrats dirigés, des contrats d'adhésion, par exemple), atteintes au principe du consensualisme (augmentation du formalisme), atteintes au principe de l'effet relatif des contrats (conventions collectives du travail), atteintes à la force obligatoire des conventions (possibilité de rétractation du contrat en cas de démarchage ou de vente à domicile, etc.).

3 Les classifications des contrats

L'ordonnance du 10 février 2016 a permis d'actualiser la classification des contrats contenue dans le Code civil.

■ *Contrats nommés/contrats innommés*

Les contrats innommés sont ceux que la loi n'a pas explicitement prévus et réglementés. Ils sont soumis, comme tous les contrats, à des ***règles générales*** constituant un droit commun (art. 1105).

Les contrats nommés, qui ont une dénomination propre, sont soumis en outre à des règles particulières qui ***s'ajoutent aux règles générales*** : c'est le cas par exemple de la vente, du louage ou du bail.

Les règles générales s'appliquent sous réserve de ces règles particulières.

Contrats synallagmatiques/contrats unilatéraux

Le contrat est ***synallagmatique*** lorsque les contractants s'obligent réciproquement les uns envers les autres (art. 1106 ; ex. : contrat de vente). L'écrit probatoire sous signature privée doit être rédigé en autant d'originaux qu'il y a de parties. Les obligations de chacune des parties sont interdépendantes.

Le contrat est ***unilatéral*** lorsqu'une ou plusieurs personnes s'obligent envers une ou plusieurs autres sans qu'il y ait d'engagement réciproque de celles-ci (ex. : donation). L'écrit probatoire n'est rédigé qu'en un seul exemplaire.

Contrats commutatifs/contrats aléatoires

La distinction entre le contrat commutatif et le contrat aléatoire est prévue à l'article 1104 du Code civil :

- le ***contrat commutatif*** est celui dans lequel chacune des parties s'engage à procurer à l'autre un avantage qui est regardé comme l'équivalent de celui qu'elle reçoit (ex. : contrat de vente conclu avec un prix ferme) ;
- le ***contrat aléatoire*** est celui dans lequel les parties, sans rechercher l'équivalence de la contrepartie convenue, acceptent de faire dépendre les effets du contrat, quant aux avantages et aux pertes qui en résulteront, d'un événement incertain (ex. : contrat de vente avec paiement du prix sous forme de rente viagère).

En principe, le contrat aléatoire n'est pas annulable pour ***lésion***, mais la jurisprudence tend parfois à reconnaître le contraire, notamment dans les cas où il est possible de déterminer une valeur « normale » dans un contrat aléatoire (ex. : rente viagère).

Contrats à titre gratuit/contrats à titre onéreux

La distinction entre contrat à titre gratuit et contrat à titre onéreux est prévue aux articles 1105 et 1106 du Code civil :

- dans le ***contrat à titre gratuit***, l'une des parties procure à l'autre un avantage sans attendre ni recevoir de contrepartie (ex. : donation pure et simple) ;

– dans le ***contrat à titre onéreux***, chacune des parties reçoit de l'autre un avantage en contrepartie de celui qu'elle procure (ex. : donation avec charge au profit du donateur).

Les règles de formation sont en général plus strictes pour les contrats à titre gratuit. On considère traditionnellement que celui qui est engagé à titre onéreux est tenu plus fermement que celui qui est engagé à titre gratuit.

Contrat consensuel/contrat solennel/contrat réel

Le ***contrat consensuel*** se forme par le seul échange des consentements quel qu'en soit le mode d'expression.

Le ***contrat solennel*** (ex. : contrat de promotion immobilière) est celui dont la formation est subordonnée à des formalités déterminées par la loi (art. 1109).

Le ***contrat réel*** est celui dont la formation est subordonnée à la remise d'une chose (ex. : contrat de dépôt, contrat de prêt mais la jurisprudence a récemment remis en cause le caractère réel du contrat de prêt d'argent consenti par un professionnel).

La distinction a un intérêt sur le plan des formalités : l'absence de formalités ou de remise de la chose, lorsqu'elle est exigée, entraîne la nullité du contrat.

Contrats à exécution instantanée/contrats à exécution successive

Le ***contrat à exécution instantanée*** est celui dont les obligations peuvent s'exécuter en une prestation unique (art. 1111-1 ; ex. : contrat de vente).

Le ***contrat à exécution successive*** est celui dont les obligations d'au moins une partie s'exécutent en plusieurs prestations échelonnées dans le temps (ex. : contrat de bail, contrat de travail).

Au sein des contrats à exécution successive, il existe une sous-distinction entre ***contrats à durée déterminée*** et ***contrats à durée indéterminée*** (v. Chapitre 10). L'intérêt de la distinction réside dans les ***effets de l'annulation ou de la résolution***. Dans les contrats à exécution instantanée, ces mécanismes sont rétroactifs et donnent lieu à la ***restitution*** des prestations éventuellement fournies. Pour les contrats à exécution successive, les effets du contrat ne sont anéantis que pour l'avenir.

Contrats de gré à gré/contrats d'adhésion

Le ***contrat de gré à gré*** est celui dont les stipulations sont négociables entre les parties (art. 1110 ; ex. : contrat de vente d'une maison individuelle conclu entre deux particuliers).

Le ***contrat d'adhésion*** est celui qui comporte un ensemble de clauses non négociables, déterminées à l'avance par l'une des parties (art. 1110 ; ex. : contrat conclu avec la SNCF lors de l'achat d'un billet).

Les contrats de gré à gré correspondent à l'optique des rédacteurs du Code civil. Les contrats d'adhésion sont un phénomène récent, correspondant au développement de la consommation de masse.

■ *Contrats cadre/contrats d'application*

L'ordonnance du 10 février 2016 a introduit dans le Code civil la distinction entre contrat cadre et contrat d'application (art. 1111) :

– le ***contrat cadre*** est celui par lequel les parties conviennent des caractéristiques essentielles de leurs relations contractuelles futures ;
– le ***contrat d'application*** est celui qui précise les modalités d'exécution du contrat cadre.

Chapitre 3

L'existence du consentement

L'article 1128 prévoit que « Sont nécessaires à la validité d'un contrat : 1° Le consentement des parties ; 2° Leur capacité de contracter ; 3° Un contenu licite et certain ». Le contrat est la rencontre d'une offre et d'une acceptation, qui ne se produit parfois qu'au terme d'une période préparatoire consacrée aux négociations. L'offre comme l'acceptation ne peuvent être valables que si la volonté qu'elles expriment émane d'une personne capable ou du représentant de celle-ci.

1 La capacité et la représentation

Le consentement doit exister et être intègre (art. 1128). La volonté de contracter doit émaner d'une personne capable de donner son consentement, ou de son représentant.

■ *La capacité*

L'existence d'un véritable consentement suppose préalablement la ***capacité de contracter*** (art. 1128 et 1145). La capacité est l'aptitude d'une personne à accomplir des actes juridiques, en particulier à conclure des contrats.

L'***incapacité spéciale*** est limitée à un acte ou à un type d'actes. L'***incapacité générale*** porte sur tous les actes de la vie juridique de la personne.

L'***incapacité de jouissance*** est l'inaptitude à être sujet de droits et d'obligations, c'est-à-dire à être partie à un acte juridique. L'***incapacité d'exercice*** est l'inaptitude à exercer et à mettre en œuvre les droits dont on est titulaire.

a) La capacité de contracter

« Toute personne physique peut contracter, sauf en cas d'incapacité prévue par la loi » (art. 1145, al. 1er) : le principe est la capacité et l'exception l'incapacité. Le ***mineur non émancipé et le majeur protégé*** ne peuvent contracter (art. 1146).

« La capacité des personnes morales est limitée par les règles applicables à chacune d'entre elles » (art. 1145, al. 2).

Par ***exception***, l'usage et la loi ont autorisé le mineur (art. 408) et le majeur sous tutelle (art. 473) à agir seul pour l'accomplissement d'***actes courants***, à condition qu'ils soient conclus dans des conditions normales (art. 1148).

b) La sanction de l'incapacité

« L'incapacité de contracter est une cause de nullité relative » (art. 1147).

Les actes courants accomplis par le mineur peuvent être annulés pour ***simple lésion***, sauf lorsque celle-ci résulte d'un événement imprévisible (art. 1149, al. 1er). La personne protégée n'est tenue de restituer que ce qu'elle n'a pas consommé (art. 1352-4).

L'article 1150 du Code civil renvoie, pour les ***actes accomplis par le majeur qui fait l'objet d'une mesure de protection***, aux dispositions spécifiques du droit des personnes.

■ *La représentation*

Les parties au contrat sont non seulement les personnes qui ont donné leur consentement en leur nom et pour leur compte mais également les personnes représentées à la conclusion du contrat.

La représentation est un mécanisme juridique par lequel une personne, le représentant, donne son consentement à la conclusion du contrat ***au nom et pour le compte d'une autre personne***, le représenté.

L'ordonnance du 10 février 2016 a créé un droit commun de la représentation applicable quelle que soit la source de la représentation c'est-à-dire qu'elle soit légale, judiciaire ou conventionnelle.

a) Les conditions de la représentation

La représentation nécessite à la fois le ***pouvoir et l'intention*** de représenter.

Le représentant peut être désigné par la loi, par le juge ou par une convention ; il agit dans les limites des pouvoirs qui lui ont été conférés (art. 1153). Le pouvoir du représentant peut être général ou spécial (art. 1155).

Le représentant doit avoir l'intention d'agir dans l'intérêt du représenté.

b) L'action interrogatoire

Afin d'assurer une sécurité juridique aux transactions en permettant aux parties de s'assurer du pouvoir de chacune d'elles, la personne qui s'apprête à conclure un contrat peut interroger le représentant quant à l'***étendue de ses pouvoirs*** (art. 1158). « L'écrit mentionne qu'à défaut de réponse dans ce délai, le représentant est réputé habilité à conclure cet acte ». Le représentant doit répondre à cette action interrogatoire dans un délai raisonnable ou dans le délai fixé par le tiers. « L'écrit mentionne qu'à défaut de réponse dans ce délai, le représentant est réputé habilité à conclure cet acte » (art. 1158, al. 2).

c) Les effets de la représentation

Pendant la durée de la représentation légale ou judiciaire, le représenté est dessaisi de ses pouvoirs, qui sont exercés par le représentant (art. 1159, al. 1er), contrairement à la représentation conventionnelle qui laisse au représenté l'exercice de ses droits (art. 1159, al. 2).

La représentation peut prendre deux formes (art. 1154) :

- ***la représentation parfaite*** : le représentant agit au nom et pour le compte d'autrui, la personne pour laquelle il agit étant déterminée et connue du cocontractant ;
- ***la représentation imparfaite*** : une personne agit en son nom (s'engage ainsi personnellement) pour le compte d'une autre, soit sans le faire savoir au contractant, soit sans faire savoir au nom de qui elle agit.

La mission du représentant est exercée ***à titre gratuit*** sauf stipulation dans le contrat. Le représentant doit ***rendre compte de sa mission***.

d) Les difficultés de la représentation

1) Les dépassements et détournements de pouvoir du représentant

En cas de ***dépassement de pouvoir du représentant***, l'acte accompli sans pouvoir est inopposable au représenté, « sauf si le tiers contractant a légitimement cru en la réalité des pouvoirs du représentant, en raison du comportement ou des déclarations du représenté » (art. 1156, al. 1er). Le tiers cocontractant peut demander la nullité de l'acte (art. 1156, al. 2).

En cas de ***détournement de pouvoir***, c'est-à-dire lorsque le représentant agit, au détriment du représenté, dans la limite de ses pouvoirs mais en utilisant ceux-ci dans un autre but que celui convenu ou prévu par la loi, la nullité est également encourue si le tiers avait connaissance du détournement ou ne pouvait l'ignorer, c'est-à-dire lorsque le tiers est de mauvaise foi (art. 1157).

2) Les conflits d'intérêts entre représentant et représenté

En matière de ***représentation des personnes physiques***, un représentant ne peut agir pour le compte de plusieurs parties au contrat en opposition d'intérêt, ni contracter pour son propre compte avec le représenté (art. 1161, al. 1er). L'acte ainsi accompli est nul « à moins que la loi ne l'autorise ou que le représenté ne l'ait autorisé ou ratifié » (art. 1161, al. 2).

2 Le projet de contrat

L'offre de négocier un contrat est une offre de contracter, c'est-à-dire une proposition d'entrer en pourparlers afin de déterminer quel sera le contenu définitif du contrat : on se situe alors dans la phase précontractuelle. L'ordonnance du 10 février 2016 a introduit dans le Code civil des dispositions organisant cette phase.

■ *Les pourparlers contractuels*

Les pourparlers contractuels sont la période qui se situe ***entre la prise de contact et la conclusion du contrat***. Pendant cette phase, chacun des partenaires est libre d'arrêter ou de continuer la discussion, dès lors qu'il agit de ***bonne foi*** : « L'initiative, le déroulement et la rupture des négociations précontractuelles sont libres. Ils doivent impérativement satisfaire aux exigences de la bonne foi » (art. 1112, al. 1er).

a) Les principes de liberté et de loyauté

Le principe de la liberté contractuelle prévu à l'article 1102 est applicable à la période précontractuelle. La liberté de contracter implique celle de ne pas contracter et donc celle de ***négocier ou de ne pas négocier*** et de choisir ***la personne avec laquelle négocier*** (*Cass. com., 26 nov. 2003, n° 00-10243, Manoukian*).

Chacun des négociateurs peut ***librement mettre fin aux pourparlers contractuels***. L'initiative par l'une des parties de mettre fin aux négociations ne peut donc en principe constituer une faute.

Les négociateurs sont également tenus, pendant les pourparlers précontractuels, de faire preuve de ***loyauté*** (art. 1112).

b) La négociation fautive

La faute commise dans les négociations peut être exceptionnellement génératrice de responsabilité (art. 1112, al. 2). La faute génératrice de responsabilité n'est pas définie par le Code civil. La jurisprudence sanctionne le fait de « rompre, sans raisons légitimes, brutalement et unilatéralement les pourparlers avancés », sans exiger de caractérisation de la mauvaise foi. La faute ***ne réside jamais dans la rupture elle-même.***

La faute entraîne la mise en œuvre de la responsabilité ***extracontractuelle*** du négociateur (sauf clause contraire d'un avant-contrat).

La réparation du préjudice qui résulte de la faute ne peut avoir pour objet de compenser la perte des avantages attendus du contrat non conclu ni la perte de chance d'obtenir ces avantages (art. 1112, al. 2 ; *Cass. com., 26 nov. 2003, n° 00-10243, Manoukian*).

■ *Le devoir précontractuel de confidentialité*

L'ordonnance du 10 février 2016 a créé un ***devoir précontractuel de confidentialité*** interdisant aux négociateurs à la fois ***d'utiliser et de divulguer*** sans autorisation une information confidentielle obtenue à l'occasion des négociations (art. 1112-2).

En pratique, les négociations précontractuelles s'accompagnent fréquemment d'un ***accord de confidentialité*** ou d'une ***clause de confidentialité*** insérée dans un avant-contrat.

■ *Le devoir d'information*

L'ordonnance du 10 février 2016 crée un devoir général d'information, ***indépendant du devoir de bonne foi***, à la charge des cocontractants et futurs cocontractants (art. 1112-1) et sanctionnable en dehors de tout dol.

a) Le débiteur de l'obligation d'information

Est tenue d'une obligation d'information « Celle des parties qui ***connaît une information*** » (art. 1112-1, al. 1er). Il doit exister un déséquilibre entre les connaissances respectives de chacune des parties, qu'il s'agisse de professionnels ou de particuliers.

La partie qui prétend qu'*une **information lui était due*** doit le prouver (art. 1112-1, al. 4). L'autre partie, qui devait cette information, a la charge de ***prouver qu'elle l'a fournie***.

b) Le contenu de l'information

L'information qui doit être transmise est celle dont l'importance est déterminante pour le consentement de l'autre, c'est-à-dire ***les éléments sans lesquels la partie concernée n'aurait pas contracté*** (art. 1112-1). « Ont une ***importance déterminante*** les informations qui ont un lien direct et nécessaire avec le contenu du contrat ou la qualité des parties » (art. 1112-1, al. 3).

L'obligation d'information a des ***limites*** : l'ignorance doit être légitime. Chacune des parties a l'obligation de se renseigner et ne doit pas se montrer trop crédule.

Le devoir d'information ***ne porte pas sur l'estimation de la valeur de la prestation*** (art. 1112-1, al. 2).

c) Les sanctions

Le non-respect de l'obligation d'information peut entraîner deux types de sanctions :

- la mise en œuvre de la ***responsabilité extracontractuelle*** du contractant qui y était tenu dans le cas où la violation de l'obligation ne provoque pas de vice du consentement (art. 1112-1, al. 6) ;
- l'***annulation du contrat*** pour dol lorsque la violation de l'obligation d'information a provoqué un vice du consentement (art. 1112-1, al. 6 ; v. Chapitre 4 sur la réticence dolosive).

Ces dispositions sont d'***ordre public*** (art. 1112-1, al. 5).

■ *Les contrats préparatoires*

Parfois, la période de pourparlers est ponctuée d'accords entre les intéressés sans que la discussion ne soit pour autant achevée. Le Code civil comporte des dispositions relatives aux deux types d'avant-contrats les plus courants : la promesse de contrat et le pacte de préférence. Ni les accords de principe, ni la lettre d'intention, par exemple, n'apparaissent dans le Code civil.

a) Le pacte de préférence

Le pacte de préférence est « le contrat par lequel une partie s'engage à ***proposer prioritairement*** à son bénéficiaire de traiter avec lui pour le cas où elle déciderait de contracter » (art. 1123, al. 1er).

Une ***action interrogatoire*** permet au tiers de demander par écrit au bénéficiaire de confirmer dans un délai qu'il fixe et qui doit être raisonnable, l'existence d'un pacte de préférence et s'il entend s'en prévaloir (art. 1123, al. 3). L'écrit devra mentionner qu'à défaut de réponse dans ce délai, le bénéficiaire ne pourra demander que des dommages-intérêts en cas de violation du pacte de préférence (art. 1123, al. 4).

Lorsque le promettant ***contracte avec un tiers en méconnaissance de son engagement***, le bénéficiaire peut obtenir la réparation du préjudice subi (art. 1123, al. 2). Lorsqu'en outre, le tiers connaissait l'existence du pacte et l'intention du bénéficiaire de s'en prévaloir, c'est-à-dire lorsqu'il est de ***mauvaise foi***, le bénéficiaire peut en outre obtenir d'une part la ***nullité du contrat*** et d'autre part la ***substitution de l'acquéreur***, à condition de démontrer d'une part que le tiers acquéreur connaissait l'existence du pacte au moment de conclure le contrat et d'autre part l'intention du bénéficiaire de s'en prévaloir.

b) Les promesses de contrat

Les promesses de contrat constituent des ***avant-contrats*** qui préparent le contrat définitif. Si l'une des parties s'engage, il y a promesse unilatérale de contrat. Si les deux parties s'engagent, il y a promesse synallagmatique de contrat.

1) La promesse unilatérale de contrat

« La promesse unilatérale est le contrat par lequel une partie, le promettant, accorde à l'autre, le bénéficiaire, le ***droit d'opter pour la conclusion d'un contrat*** dont les éléments essentiels sont déterminés, et pour la formation duquel ne manque que le consentement du bénéficiaire » (art. 1124, al. 1er). La promesse unilatérale de contrat la plus usitée est la promesse unilatérale de vente.

La promesse unilatérale de contrat contient un ***accord de volontés*** alors que l'offre est seulement une manifestation unilatérale de volonté. L'offrant peut, dans l'offre unilatérale de contrat, retirer son offre. Le promettant est irrévocablement engagé. La promesse unilatérale de contrat n'engage que le promettant, qui a accordé une option au bénéficiaire. Le bénéficiaire de la promesse peut décider de ne pas contracter.

La promesse unilatérale de contrat obéit à toutes les ***conditions générales des contrats***. Elle doit contenir les éléments essentiels du contrat définitif. Parfois, la loi soumet la promesse unilatérale de contrat à des conditions de forme, notamment lorsqu'elle se rapporte à un contrat définitif solennel. Ainsi, toute promesse unilatérale de vente doit faire l'objet d'un ***enregistrement*** à peine de nullité (art. 1589-2) dans les 10 jours de son acceptation par le bénéficiaire.

Le promettant est tenu de ***maintenir sa promesse*** pendant le délai prévu, même en cas de décès du promettant.

Le bénéficiaire n'est pas engagé et ne bénéficie d'aucun droit avant la levée de l'option, qui forme le contrat définitif. S'il décide de conclure le contrat définitif, ***celui-ci se formera au moment de la levée de l'option***. Lorsque le promettant refuse de s'exécuter, l'article 1124, alinéa 2 du Code civil prévoit depuis 2016 l'***exécution forcée*** du contrat. La Cour de cassation avait pourtant opté en 1993 pour l'octroi de dommages-intérêts (*Cass. 3e civ., 15 déc. 1993, n° 91-10199*).

2) La promesse synallagmatique de contrat

La promesse synallagmatique de contrat (art. 1589) est un contrat par lequel les parties donnent d'ores et déjà leur consentement au contrat définitif. La promesse synallagmatique de vente ***vaut***

vente « lorsqu'il y a consentement réciproque des deux parties sur la chose et sur le prix » (art. 1589, al. 1er) sauf dans deux cas :

- d'une part, le principe s'applique aux contrats consensuels mais ne concerne pas les ***contrats réels ou solennels*** ;
- d'autre part, les parties peuvent également marquer leur volonté de solenniser le contrat en subordonnant son existence à l'***accomplissement d'une formalité particulière***. Le juge devra rechercher si les parties ont ou non érigé certaines clauses, notamment celle de réitération par acte authentique, en condition de formation du contrat de vente.

3 L'offre

« Le contrat est formé par la rencontre d'une offre et d'une acceptation, par lesquelles les parties manifestent leur volonté de s'engager » (art. 1113, al. 1er).

L'offre de contrat est une offre qui n'est susceptible que d'acceptation pure et simple et qui ne laisse par conséquent aucune place à la négociation. L'offre de contrat se manifeste notamment par les ***contrats d'adhésion***.

Les caractères de l'offre

L'offre n'est pas définie par l'article 1114 du Code civil, qui se contente d'en préciser les ***caractéristiques,*** afin de la distinguer de la simple invitation à entrer en négociation. L'offre doit revêtir un certain nombre de caractères à défaut desquels il s'agit seulement d'une invitation à entrer en pourparlers :

- elle doit être ***précise***, c'est-à-dire qu'elle doit caractériser les éléments essentiels du contrat envisagé ;
- elle doit être ***ferme,*** c'est-à-dire exprimer la volonté de son auteur d'être lié en cas d'acceptation. L'offre peut être qualifiée de telle uniquement si les éventuelles réserves qu'elle comporte ne sont pas générales ;
- elle doit être ***extériorisée*** ; elle peut l'être par divers moyens tels qu'un écrit (lettre, catalogue, affiche, annonce, etc.), la parole ou une attitude.

L'offre peut être destinée à une autre personne déterminée, à plusieurs personnes en particulier ou au public. Elle peut être tacite ou expresse, faite avec ou sans délai.

L'offre ne doit pas être équivoque.

La caducité de l'offre

L'offre peut devenir *caduque* dans deux cas (art. 1117) :

– à l'*expiration du délai fixé* par son auteur ou à défaut, à l'*expiration d'un délai raisonnable* ;

– en cas d'*incapacité ou de décès* de son auteur ou de son destinataire.

La rétractation de l'offre

L'offre peut être rétractée à certaines conditions en dehors desquelles la rétractation peut être fautive :

– l'offre peut être retirée *tant que celle-ci n'est pas parvenue* à son destinataire (art. 1115) ;

– elle peut être retirée *après l'expiration du délai prévu* par son auteur ;

– *à défaut de délai* expressément prévu, l'offre peut être retirée *après l'expiration d'un délai raisonnable* (art. 1116, al. 1er).

En dehors des hypothèses décrites ci-dessus, la rétractation est fautive et sanctionnée par la mise en œuvre de la *responsabilité extracontractuelle* (art. 1116, al. 3), c'est-à-dire par des dommages-intérêts.

4 L'acceptation

« L'acceptation est la manifestation de volonté de son auteur d'être lié dans les termes de l'offre » (art. 1118, al. 1er). En l'absence d'adhésion globale au contenu de l'offre, l'acceptation doit être requalifiée en contre-proposition (art. 1118, al. 3).

Les formes de l'acceptation

L'acceptation peut être *expresse* : la personne extériorise sa volonté par un *langage* qui peut être oral, gestuel ou écrit. L'acceptation par voie électronique est également possible (art. 1369-5 ; v. *infra*).

La manifestation de volonté est *tacite* lorsque l'expression du consentement résulte du simple *comportement* de l'intéressé, duquel on induit la volonté de contracter.

Le *silence* est l'absence totale de toute manifestation de volonté, même tacite, de la part du destinataire du contrat. Conformément à la jurisprudence *(Cass. civ., 25 mai 1870)*, l'ordonnance du

10 février 2016 a consacré à l'article 1120 du Code civil le principe selon lequel « ***le silence ne vaut pas acceptation*** *sauf s'il résulte* » :

- de la ***loi*** (ex. : C. civ., art. 1738 ou C. assur., art. L. 112-2, al. 5) ;
- de ***relations d'affaires*** antérieures au contrat en cause ;
- d'***usages commerciaux*** en vertu desquels le silence est considéré comme acceptation ;
- de ***circonstances particulières*** : cette notion large permet d'englober certains cas dont la jurisprudence avait fait un cas d'acceptation avant même la réforme de 2016, c'est-à-dire :
  - les cas où l'offre a été faite dans l'intérêt exclusif de son destinataire,
  - les cas dans lesquels « les circonstances permettent de donner à ce silence la signification d'une acceptation » (*Cass. 1re civ., 4 juin 2009, n° 08-14481*).

Le contrat peut prévoir expressément que le silence vaut acceptation, notamment par le mécanisme de la tacite reconduction (v. Chapitre 10).

Les contrats entre absents

Dans certains cas, au moment de l'accord définitif, les contractants ne sont pas en présence l'un de l'autre, notamment lorsque les contrats se forment par correspondance.

La fixation de la ***date de formation du contrat*** a plusieurs intérêts :

- au moment où le contrat définitif est conclu, les parties ne peuvent plus se rétracter ;
- les effets du contrat commencent à se produire à cette date ;
- la date de formation du contrat permet de déterminer la loi applicable au contrat ;
- elle constitue le point de départ du délai pour exercer l'action en nullité du contrat.

La détermination ***du lieu de conclusion du contrat*** comporte un intérêt essentiellement pour les contrats internationaux : la loi applicable aux contrats pour ce qui concerne les conditions de forme de ceux-ci est celle du lieu où a été conclu le contrat (« le lieu régit l'acte »).

L'article 1121 du Code civil consacre la ***théorie de la réception*** : « Le contrat est conclu dès que l'acceptation parvient à l'offrant. Il est réputé conclu au lieu où l'acceptation est parvenue ».

Théorie	Variantes	Exemples
Première théorie : le contrat se forme au moment et au lieu où intervient l'acceptation.	*Théorie de la déclaration* : le contrat se forme au lieu où naît la volonté d'accepter. *Théorie de l'émission* : le contrat se forme au moment et au lieu où se manifeste cette volonté.	Rédaction de la lettre d'acceptation. Remise de cette lettre à la poste.
Deuxième théorie : le contrat se forme au moment et au lieu où l'offrant connaît l'acceptation.	*Théorie de la réception* : le contrat est formé au moment et au lieu où est reçue l'acceptation. *Théorie de l'information* : le contrat est formé au moment et au lieu où l'offrant prend connaissance de l'acceptation.	La lettre d'acceptation est dans la boîte de l'offrant. L'offrant ouvre la lettre.

5 La conclusion du contrat par voie électronique

L'offre et l'acceptation par voie électronique sont organisées aux articles 1126 à 1127-6 du Code civil.

■ *L'offre par voie électronique*

L'offre faite par voie électronique doit en principe comporter un certain nombre d'***énonciations*** (art. 1127-1, al. 3 et s.) telles que notamment les étapes à suivre pour la conclusion du contrat, les moyens techniques permettant au destinataire de l'offre, avant la conclusion du contrat, d'identifier d'éventuelles erreurs commises dans la saisie des données et de les corriger, les langues proposées pour la conclusion du contrat (la langue française doit en faire partie), etc.

Il existe des ***exceptions*** à l'exigence de mentionner ces obligations pour les contrats de fourniture de biens ou de prestation de services qui sont conclus exclusivement par échange de courriers électroniques ou dans les contrats conclus entre professionnels (art. 1127-3).

L'auteur d'une offre faite par voie électronique ***reste engagé*** par celle-ci aussi longtemps qu'elle est accessible par voie électronique de son fait (art. 1127-1, al. 2).

■ *L'acceptation par voie électronique*

L'acceptation d'une offre de contrat sous forme électronique n'est valable que dès lors que le destinataire de l'offre a eu « la ***possibilité de vérifier*** le détail de sa commande et son prix total, et de corriger d'éventuelles erreurs » (art. 1127-2, al. 1er). Il peut ensuite confirmer son acceptation. « L'auteur de l'offre doit ***accuser réception*** sans délai injustifié, par voie électronique de la commande qui lui a été adressée » (art. 1127-2, al. 2).

Ces dispositions peuvent être écartées dans les conventions conclues entre professionnels (art. 1127-3) ; elles ***ne sont pas applicables*** aux contrats de fourniture de biens et de prestation de services conclus exclusivement par échange de courriers électroniques (art. 1127-3).

Chapitre 4

Les vices du consentement

Pour que le contrat soit valablement formé, le consentement ne doit pas seulement exister, il doit également être exempt de vices. L'article 1109 du Code civil prévoit 3 sortes de vices du consentement : l'erreur, la violence et le dol, qui ne peuvent justifier une sanction qu'à condition d'avoir été déterminants (art. 1130). La sanction commune de tous les vices du consentement est la nullité relative (art. 1131).

1 Le caractère déterminant du vice du consentement

La jurisprudence sanctionne uniquement le vice du consentement qui a un caractère déterminant. L'ordonnance du 10 février 2016 consacre cette règle en définissant le vice déterminant comme celui sans lequel « l'une des parties ***n'aurait pas contracté ou aurait contracté à des conditions substantiellement différentes*** » (art. 1130, al. 1er).

Le ***caractère déterminant*** du vice du consentement par le juge s'apprécie ***in concreto***, c'est-à-dire « eu égard aux personnes et aux circonstances dans lesquelles le consentement a été donné » (art. 1130, al. 2).

2 L'erreur

L'erreur est une appréciation inexacte de la réalité. Toute erreur n'est pas forcément cause de nullité du contrat.

■ *Les caractères de l'erreur cause de nullité*

L'erreur ne doit pas être grossière, ***inexcusable***. La victime ne doit pas être négligente. Ce caractère s'apprécie *in concreto*, selon l'aptitude de la personne.

La jurisprudence exige que l'erreur porte sur un élément connu de l'autre partie : l'erreur doit être « ***commune*** ». Le contractant doit avoir eu connaissance de ce que la qualité était essentielle aux yeux de l'autre. Cette exigence semble sous-entendue par les termes de l'article 1132.

Conformément à la jurisprudence (*Cass. 1re civ., 22 févr. 1978, n° 76-11551*), l'***erreur du cocontractant sur sa propre prestation*** peut être cause de nullité : l'erreur peut porter « sur les qualités essentielles de la prestation due ou sur celles du cocontractant » (art. 1132). De même l'article 1133 dispose dans son 2e alinéa que « L'erreur est cause de nullité relative, qu'elle porte sur la prestation de l'une ou de l'autre partie ».

L'***erreur de droit*** peut être sanctionnée de la même manière que l'***erreur de fait***, dès lors qu'elle n'est pas inexcusable (art. 1132).

■ Les erreurs prises en compte

L'erreur doit porter sur les ***qualités essentielles*** de la prestation due ou sur celles du cocontractant (par exemple matière de la chose, aptitude de la chose à remplir l'usage auquel elle est destinée, authenticité d'une œuvre d'art). « Les qualités essentielles de la prestation sont celles qui ont été expressément ou tacitement convenues et en considération desquelles les parties ont contracté » (art. 1133, al. 1er). La jurisprudence a opté pour l'appréciation ***in concreto*** de la qualité essentielle.

L'***erreur sur la personne*** n'est une cause de nullité que dans les contrats conclus ***intuitu personae*** c'est-à-dire en considération de la personne (art. 1134).

■ Les erreurs indifférentes

Ne sont pas sanctionnées l'erreur portant sur une ***qualité accessoire***, l'erreur sur la personne pour des contrats qui ne sont pas conclus *intuitu personae*, l'***erreur sur la valeur*** (sauf si elle remet en cause l'essence même du contrat ou si elle est la conséquence d'une erreur sur les qualités essentielles), l'erreur sur les ***motifs étrangers*** à la chose objet du contrat, même lorsque ce motif a été déterminant, l'erreur sur la ***solvabilité*** ainsi que l'erreur sur la qualité d'une prestation due sur laquelle un aléa a été accepté n'est pas sanctionnée (art. 1333, al. 2 ; ***l'aléa chasse l'erreur***). L'erreur sur la valeur et l'erreur sur les motifs peuvent néanmoins constituer une cause de nullité si elles résultent d'un dol.

3 Le dol

Le dol est ***défini*** par le Code civil comme « le fait pour un contractant d'obtenir le consentement de l'autre par des manœuvres ou des mensonges » ou de dissimuler intentionnellement « une information dont il sait le caractère déterminant pour l'autre partie » (art. 1137).

Le dol peut prendre 3 formes (art. 1137) :

- des ***manœuvres***, qui peuvent consister en une véritable ***mise en scène*** ;
- des ***mensonges*** : la jurisprudence assimilait déjà le mensonge aux manœuvres ;
- la ***dissimulation intentionnelle d'une information*** dont l'un des cocontractants sait le caractère déterminant pour l'autre partie (art. 1137, al. 2). La violation du devoir d'information, prévue à l'article 1112-1 (v. Chapitre 3), peut constituer l'une des formes de la réticence dolosive lorsqu'elle a provoqué un vice du consentement. La loi du 20 avril 2018 a précisé que « Néanmoins, ne constitue pas un dol le fait pour une partie de ne pas révéler à son cocontractant son estimation de la valeur de la prestation » (art. 1137, al. 3 ; *Cass. 1re civ., 3 mai 2000, n° 98-11381, Baldus*).

L'auteur du dol doit avoir eu l'intention de tromper son cocontractant. En cas de ***mensonges ou de manœuvres***, l'élément intentionnel est ***présumé*** car l'intention se déduit du comportement. En cas de ***dissimulation d'une information***, l'***intention de tromper*** doit être prouvée.

« L'erreur qui résulte d'un dol est toujours ***excusable*** » (art. 1139).

L'erreur provoquée par le dol peut entraîner la nullité même si elle porte sur la ***valeur de la prestation ou sur un simple motif*** du contrat (art. 1139).

Le dol doit émaner de la ***partie contractante*** (art. 1137), du ***représentant*** du contractant, de son ***gérant d'affaires*** ou de son ***porte-fort*** ou d'un ***tiers de connivence*** (art. 1138).

4 La violence

La violence est une ***contrainte*** sous la pression de laquelle le contractant s'engage parce qu'il craint d'exposer sa personne, sa fortune ou celles de ses proches à un mal considérable (art. 1140). L'ordonnance du 10 février 2016 a introduit dans le Code civil une forme particulière de violence : ***l'abus de dépendance***.

■ *Les formes de la violence*

La violence peut présenter plusieurs formes. La crainte qu'elle engendre doit exister au moment de la conclusion du contrat. La violence s'apprécie ***au jour de la conclusion du contrat*** mais les juges peuvent tenir compte d'éléments postérieurs permettant d'apprécier la réalité de la violence au jour du contrat.

La violence peut être ***physique*** et résulter de la main que l'on tient au moment de la signature du contrat ou d'une séquestration, ou ***morale***, par exemple au moyen d'un chantage. Elle peut viser la personne dans son intégrité physique, sa vie, sa santé ou dans sa liberté, son honneur ou sa réputation.

L'article 1143 du Code civil consacre une nouvelle forme de violence : l'***abus de dépendance***, caractérisé « lorsqu'une partie, abusant de l'état de dépendance dans lequel se trouve son cocontractant à son égard, obtient de lui un engagement qu'il n'aurait pas souscrit en l'absence d'une telle contrainte et en tire un avantage manifestement excessif ». À l'instar de la jurisprudence, l'article 1143 exige la démonstration de la preuve de l'***extorsion d'un avantage excessif*** ou manifestement excessif.

La ***menace d'une voie de droit*** ne peut constituer une violence, sauf en cas d'abus c'est-à-dire « lorsque la voie de droit est détournée de son but ou lorsqu'elle est invoquée ou exercée pour obtenir un avantage manifestement excessif » (art. 1141).

■ *L'auteur de la violence*

L'auteur de la violence peut être ***le cocontractant ou un tiers*** : « La violence est une cause de nullité, qu'elle ait été exercée par une partie ou par un tiers » (art. 1142).

■ *La victime de la violence*

La victime de la violence peut être le ***cocontractant*** mais également ses ***proches*** (art. 1140), ce qui permet en effet d'englober aussi bien l'époux (se) que le/la partenaire ou concubin(e) ou tout autre proche.

Chapitre 5

Le contenu du contrat

L'article 1128 du Code civil exige que le contrat ait un contenu licite et certain. Cette exigence remplace celle relative à la **cause** *et à l'***objet** *qui existaient avant l'ordonnance du 10 février 2016. L'une des principales innovations apportées au droit des contrats par ce texte est la disparition de toute référence à la cause.*

1 Le contenu licite et certain du contrat

Le contenu du contrat doit être d'une part licite, d'autre part certain.

■ *Le respect de l'ordre public*

Le contrat ne peut déroger à l'ordre public (art. 1162) :

– ***ni par ses stipulations*** : cette interdiction était autrefois appréhendée sous l'angle de la ***licéité de l'objet***. L'ancien article 1128 prévoyait déjà que seules les choses qui étaient dans le commerce pouvaient être l'objet des conventions ;

– ***ni par son but***, que ce dernier ait été connu ou non par toutes les parties : cette interdiction était appréhendée antérieurement à l'ordonnance du 10 février 2016 sous l'angle de la ***licéité de la cause subjective***. Conformément à la jurisprudence, l'article 1162 confirme *in fine* que la nullité est encourue même lorsque ***l'une des parties ignorait le but illicite*** poursuivi par l'autre partie au contrat.

Le contrat ne peut déroger à ces règles (art. 1102, al. 2).

■ *L'exigence d'un « contenu certain »*

La prestation « ***objet de l'obligation*** » doit avoir plusieurs caractéristiques (art. 1163) :

– elle peut être ***présente ou future*** ;

– elle doit être ***possible*** ;

– elle doit être ***déterminée et déterminable*** : « La prestation est déterminable lorsqu'elle peut être déduite du contrat ou par référence aux usages ou aux relations antérieures des parties, sans qu'un nouvel accord des parties soit nécessaire » (art. 1163, al. 2 et 3). Cette exigence s'applique au prix.

a) Le prix dans les contrats cadre

Des difficultés particulières sont apparues en matière de fixation du prix à propos des contrats de fourniture exclusive ; elles ont donné lieu à une série d'importants arrêts de l'Assemble plénière le 1er décembre 1995. Dans ce cas, l'opération se décompose en un contrat cadre suivi de contrats d'application, le plus souvent des contrats de vente (ex. : contrats de bière ou contrats entre pompistes et sociétés pétrolières). La jurisprudence a permis que le prix prévu dans le contrat cadre soit simplement ***déterminable*** et pas forcément déterminé. L'article 1164 du Code civil tel qu'il résulte de l'ordonnance de 2016 confirme la jurisprudence : en présence d'un contrat cadre, ***le prix peut être fixé unilatéralement*** par l'un des cocontractants si les parties en conviennent, à condition de ne pas commettre d'***abus***, qui seul pourra être sanctionné.

En cas de ***contestation***, la partie qui fixe le prix devra en ***motiver le montant***, c'est-à-dire expliquer les modalités de calcul du prix a été calculé, au regard des prévisions des parties.

En cas d'***abus dans la fixation du prix,*** le juge peut être saisi. Il pourra allouer des dommages-intérêts ou prononcer, le cas échéant, la résolution du contrat (art. 1164, al. 2), conformément à la jurisprudence.

La possibilité d'une fixation unilatérale du prix est ***limitée aux contrats cadre***.

b) Le prix dans les contrats de prestation de service

Dans les contrats de prestation de service, à défaut d'accord des parties avant l'exécution de leur prestation, le créancier peut fixer le prix, « à charge d'en ***motiver le montant*** en cas de contestation » (art. 1165).

En cas d'***abus dans la fixation du prix***, le juge sera compétent pour allouer des dommages-intérêts et le cas échéant pour prononcer la résolution du contrat (art. 1165, *in fine*).

2 L'équilibre du contrat

Les dispositions contenues aux articles 1168 à 1170 du Code civil permettent d'assurer un certain équilibre du contrat et de garantir une justice contractuelle.

La contrepartie illusoire ou dérisoire

Conformément à la jurisprudence, l'article 1169 du Code civil sanctionne par la ***nullité*** le contrat prévoyant une contrepartie illusoire ou dérisoire au moment de sa formation.

Le principe s'applique aux ***contrats à titre onéreux***. En sont exclus les contrats à titre gratuit.

Le caractère illusoire ou dérisoire de la contrepartie doit être apprécié « ***au moment de sa formation*** », conformément à la jurisprudence.

La sanction de la contrepartie illusoire ou dérisoire est la ***nullité de la totalité du contrat***.

Si la ***contrepartie disparaît***, le contrat n'est pas nul mais ***caduc*** (art. 1186, al. 1er ; v. Chapitre 7), de même lorsque des contrats sont liés et que l'un des deux disparaît (art. 1186, al. 2).

L'admission exceptionnelle de la lésion

L'article 1168 du Code civil pose la règle selon laquelle l'équivalence des prestations n'est pas une condition de validité des contrats synallagmatiques, sauf si la loi prévoit exceptionnellement le contraire, c'est-à-dire lorsque des dispositions particulières admettent la *lésion*.

a) La notion de lésion

La lésion peut être définie de plusieurs manières :

- ***au sens strict***, il s'agit d'un déséquilibre, existant au moment de la formation du contrat, entre les prestations de chacune des parties dans un contrat ;
- ***dans un sens plus large***, la lésion peut exister même en dehors des contrats synallagmatiques. Il s'agit alors d'un défaut d'équivalence entre l'avantage retiré d'un contrat et le sacrifice consenti.

b) Le domaine de la lésion

Le Code civil a conçu la lésion de manière très restrictive en posant le principe selon lequel la lésion ne vicie pas les conventions ; elle n'est sanctionnée que dans certains contrats ou à l'égard de certaines personnes, notamment dans les cas suivants :

- le ***partage***, en cas de lésion de plus d'un quart au détriment de l'un des héritiers (art. 889, al. 1er : depuis 2006, cette lésion donne lieu à une action en complément de part) ;
- la ***vente d'immeubles***, en cas de lésion de plus des 7/12e au détriment du vendeur (art. 1674 et 1675) ;
- la ***vente d'engrais et de semences***, quand il y a lésion de plus du quart au détriment de l'acheteur (loi du 8 juillet 1907 modifiée par les lois du 10 mars 1937 et du 13 juillet 1979) ;

- le ***contrat d'assistance maritime,*** lorsque les conditions du contrat sont inéquitables (C. transp., art. L. 5132-6 et s.) ;
- le ***contrat de cession du droit d'exploitation d'une œuvre littéraire ou artistique,*** lorsque l'auteur cède ses droits, est retenu la lésion de plus de 7/12e au préjudice de l'auteur (CPI, art. L. 131-5) ;
- le ***prêt à intérêts***, si le taux d'intérêt dépasse un taux moyen au-delà duquel il y a usure (C. consom., art. L. 313-4) ;
- à l'égard des ***mineurs*** : peut être annulé pour lésion tout acte courant accompli par le mineur, sauf lorsque la lésion résulte d'un événement imprévisible (art. 1149) ;
- à l'égard des ***majeurs protégés*** : l'article 1150 du Code civil prévoit que les actes qu'ils ont accomplis « sont régis par les articles 435 (sauvegarde de justice), 465 (tutelle ou curatelle) et 494-9 (habilitation familiale) sans préjudice des articles 1148, 1151 et 1352-4 ».

c) La sanction de la lésion

1) Les conditions de la sanction

Lorsqu'elle est admise par les textes, la lésion est sanctionnée ***indépendamment de tout vice du consentement***. Elle s'apprécie au moment de la formation du contrat.

La lésion n'est en principe pas retenue dans les ***contrats aléatoires*** car l'existence d'un aléa empêche d'apprécier la lésion.

2) Les modalités de la sanction

En principe, la sanction de la lésion est la ***nullité*** (le terme de ***rescision*** a disparu au profit de celui de nullité). Dans certains cas, la sanction de la lésion est la révision des conditions pécuniaires du contrat (ex. : réduction de l'intérêt stipulé).

Dans la plupart des cas, la ***loi*** fixe le montant à partir duquel la lésion est prise en compte. Plus exceptionnellement, la loi laisse le droit aux tribunaux d'apprécier ce montant.

■ *L'obligation essentielle et les clauses limitatives de responsabilité*

L'équilibre du contrat peut être remis en cause par des clauses limitatives ou exclusives de responsabilité prévoyant l'exclusion ou la limitation des dommages-intérêts en cas d'inexécution de l'obligation prévue au contrat. La Cour de cassation a ***admis leur validité*** sauf dans certaines hypothèses :

– en cas de ***dol ou de faute lourde*** du débiteur ou de ses préposés ;

– en cas de ***disposition légale*** prévoyant l'exclusion ;

– en cas de ***vente entre un vendeur professionnel et un acheteur non professionnel***.

Ces limitations se sont avérées insuffisantes lorsque certains contrats ont prévu des clauses limitatives de responsabilité portant sur l'obligation qui constitue l'engagement principal du contrat (« ***obligation essentielle*** ») et en constitue l'essence même (« ***économie du contrat*** »). L'article 1170 du Code civil confirme la jurisprudence (*Cass. com., 22 oct. 1996, n° 93-18632, Chronopost ; Cass. com., 29 juin 2010, n° 09-11841, Faurecia II*) en disposant que « Toute clause qui prive de sa substance l'obligation essentielle du débiteur est réputée non écrite ».

Les clauses abusives

Lorsque les stipulations contractuelles sont telles qu'elles bouleversent l'***équilibre contractuel***, la législation relative aux clauses abusives prévue par le Code de la consommation, le Code de commerce et le Code civil permet d'apporter une protection particulière au consommateur par la sanction des clauses abusives.

En matière de clauses abusives, la loi du 10 janvier 1978 (« *Scrivener* »), suivie de celle du 1er février 1995, ont été complétées par la loi du 4 août 2008. Les textes prévoient que la clause abusive est celle qui, dans un contrat conclu entre professionnel et non-professionnel ou consommateur, a pour objet ou effet de créer, au détriment du non-professionnel ou du consommateur, un ***déséquilibre significatif*** entre les droits et obligations des parties au contrat (C. consom., art. L. 132-1). Ces dispositions sont intégrées dans le Code de la consommation (art. L. 212-1 et s.) et dans le Code de commerce (art. L. 442-6-I-2°). S'y ajoute désormais l'article 1171 du Code civil (Ord., 10 févr. 2016) qui dispose que « Dans un contrat d'adhésion, toute clause qui crée un déséquilibre significatif entre les droits et obligations des parties au contrat est réputée non écrite ». L'appréciation du déséquilibre significatif ne peut porter sur la définition de l'objet du contrat ou sur l'adéquation du prix ou de la rémunération au bien vendu ou au service offert (art. 1171, al. 2). L'articulation entre les règles du Code de commerce, du Code de la consommation et celles du Code civil reste incertaine

La sanction d'une clause abusive consiste à la réputer ***non écrite***.

3 L'interprétation du contrat

L'interprétation consiste à préciser le sens et la portée du contrat ou de l'une de ses clauses en cas d'ambiguïté.

L'intention des parties

Deux méthodes sont concevables en matière d'interprétation : d'une part, la ***méthode subjective*** qui consiste à se demander quelle est la volonté réelle des parties et, d'autre part, la ***méthode objective*** qui consiste à étudier le contenu précis du contrat en tenant compte des exigences sociales.

Le Code civil a choisi la méthode subjective : « Le contrat s'interprète d'après la commune intention des parties plutôt qu'en s'arrêtant au sens littéral de ses termes » (art. 1188). Cependant, quelques concessions à la méthode objective ont été faites.

Les ***directives*** données par le Code civil ne sont que des conseils de méthode pour les juges : elles ne s'imposent pas à eux. Le juge peut également se fonder sur la bonne foi (art. 1104), l'équité (art. 1194) ou bien encore sur l'intention présumée des parties de « *compléter* » le contrat.

L'absence d'expression d'une commune intention des parties

En l'absence d'expression claire par les parties de leur intention commune, le juge a à sa disposition un certain nombre d'autres règles non impératives lui permettant d'interpréter le contrat.

a) Les concessions aux méthodes d'interprétation objective

La méthode d'interprétation objective intervient ***à titre subsidiaire***. Ainsi, lorsqu'il n'est pas possible de déceler l'intention des parties, notamment lorsque l'une d'elles a compris une chose et que l'autre a compris le contraire, le juge peut rechercher « le sens que lui donnerait une personne ***raisonnable*** placée dans la même situation » (art. 1188, al. 2). La clause est interprétée ***in abstracto***.

b) L'importance donnée à la cohérence du contrat ou du groupe de contrats

L'interprétation d'une clause litigieuse dans un sens ou dans un autre doit se faire dans le respect de la cohérence de l'ensemble de l'acte (art. 1189, al. 1er), c'est-à-dire en ***tenant compte des clauses qui précèdent et de celles qui suivent.***

Dans le même esprit, lorsque l'interprétation concerne un ***ensemble contractuel***, le résultat de l'interprétation doit permettre de ***préserver la cohérence de l'opération dans son ensemble*** :

« Lorsque, dans l'intention des parties, plusieurs contrats concourent à une même opération, ils s'interprètent en fonction de celle-ci » (art. 1189, al. 2).

c) Les autres règles d'interprétation

Lorsqu'un ***doute*** subsiste sur l'interprétation du contrat, l'article 1190 donne d'autres conseils d'interprétation :

- « *le* ***contrat de gré à gré*** s'interprète contre le créancier » ;
- en cas d'ambiguïté, le ***contrat d'adhésion*** doit s'interpréter, « ***contre celui qui l'a proposé*** », c'est-à-dire en faveur de la partie qui n'a pas rédigé la clause litigieuse (art. 1190).

Lorsqu'une clause est susceptible de ***deux sens***, est privilégié ***celui qui confère un effet*** sur celui qui lui n'en fait produire aucun (art. 1191).

■ *La dénaturation du contrat*

Les juges du fond sont souverains pour interpréter les contrats. La Cour de cassation ne se prononce pas sur l'interprétation d'un contrat (*Cass. ch. réunies, 8 févr. 1808, Lubert*). En revanche, elle contrôle la nécessité de l'interprétation du contrat, c'est-à-dire la ***dénaturation*** du contrat. La dénaturation consiste à interpréter la clause qui est ***claire***. L'article 1192 consacre l'interdiction de dénaturer le contrat, retenue en 1808 par la Cour de cassation (*Cass. civ., 15 avril 1872*) : « On ne peut interpréter les clauses claires et précises à peine de dénaturation ».

Chapitre 6

La forme du contrat

Le contrat est en principe valable par le simple échange des consentements ; aucune condition de forme n'est imposée pour sa validité. Toutefois, pour certains d'entre eux, des formalités sont nécessaires sans que leur absence ne remette forcément en cause la validité du contrat.

1 Le principe du consensualisme

L'article 1172, alinéa 1er du Code civil reprend le principe du ***consensualisme*** : « Les contrats sont par principe consensuels », rappelant la maxime de Loysel voulant qu'« On lie les bœufs par les cornes et les hommes par la parole ». L'article 1102 du Code civil dispose dans le même sens que « Chacun est libre de contracter ou de ne pas contracter, de choisir son cocontractant et de déterminer le contenu et la forme du contrat dans les limites fixées par la loi ».

2 Les exceptions au principe du consensualisme

Les formalités exigées pour la conclusion du contrat peuvent être selon les cas nécessaires à la validité du contrat ou sans conséquence sur la validité de celui-ci.

■ *Les formalités nécessaires à la validité du contrat*

Dans certains cas, le simple échange des consentements ne suffit pas pour que le contrat soit valable : le principe du consensualisme reçoit exception pour les ***contrats solennels et pour les contrats réels***.

a) Les contrats solennels

Les contrats solennels sont ceux qui nécessitent pour leur validité une expression du consentement ***respectant certaines formalités***, en principe la rédaction d'un écrit, qu'il s'agisse d'un acte authentique ou d'un simple écrit. En l'absence de ces formalités, le contrat est nul, « sauf possible régularisation » (art. 1172, al. 2).

1) L'exigence d'un acte authentique

L'acte authentique est un acte passé devant un ***notaire***. Il est exigé par exemple pour les 4 contrats solennels traditionnels du droit français : ***donation*** (art. 931), ***subrogation consentie par le débiteur*** (art. 1346-2), ***contrat de mariage*** (art. 1394) et ***convention constitutive d'hypothèque*** (art. 2416).

Postérieurement au Code civil, la loi a complété cette première liste, y incluant notamment le contrat de vente d'immeuble à construire portant sur un logement d'habitation (L. 3 janv. 1967), la fiducie (art. 2018) ou le mandat à effet posthume (art. 812-2-1).

2) L'exigence d'un simple écrit

L'exigence d'un ***acte sous signature privée ou d'un autre écrit ordinaire*** s'est également largement développée au XXe siècle. L'écrit simple est ainsi exigé par exemple pour le contrat de promotion immobilière relatif à un immeuble à usage d'habitation ou à usage professionnel (CCH, art. L. 222-3), pour la vente d'un navire (C. transp., art. L. 5114-1) ou la vente de fonds de commerce (C. com., art. L. 141-1).

3) La sanction de l'absence du formalisme

La sanction de l'absence du formalisme imposé par la loi varie :

- la loi prévoit parfois que le contrat écrit ou la mention particulière est prévu ***à peine de nullité*** ;
- la loi peut prévoir une ***sanction particulière*** (ex. : déchéance du droit aux intérêts dans le contrat de crédit à la consommation ; C. consom., art. L. 311-48, al. 2) ;
- dans certains cas, les textes ne prévoient ***aucune sanction***. Dans ces hypothèses, la jurisprudence reste fluctuante même si elle a globalement tendance à prononcer la nullité absolue.

b) Les contrats réels

Les contrats réels sont ceux qui, pour être valablement formés exigent, en plus de l'échange des consentements, la ***remise d'une chose*** (art. 1172, al. 3).

Le prêt, le dépôt et le gage sont traditionnellement considérés comme des contrats réels. Cette conception classique est aujourd'hui contestée. Par exemple, la jurisprudence considère désormais que le contrat de prêt d'argent consenti par un professionnel du crédit n'est pas un contrat réel. La remise de la chose doit par conséquent être analysée non pas comme l'une des conditions de forme mais comme le ***premier acte de l'exécution du contrat***. Dans ce cas, la remise de la chose est « aussi une condition de formation du contrat ».

Les formalités étrangères à la validité du contrat

L'article 1173 du Code civil prévoit que certaines formalités peuvent être exigées uniquement ***à des fins probatoires et de publicité***. Leur non-respect ne remet pas en cause la validité du contrat si elles n'ont pas été respectées.

3 Le contrat conclu par voie électronique

Les articles 1174 à 1177 du Code civil posent le principe de la neutralité de la forme électronique, c'est-à-dire que le contrat sous forme électronique a une validité équivalente à celle du contrat sur support papier.

Il est ***en principe*** possible d'établir sous la forme électronique un contrat pour lequel un écrit est exigé, « dans les conditions prévues aux articles 1366 et 1367 et, lorsqu'un acte authentique est requis, au deuxième alinéa de l'article 1369 » (art. 1174). La mention écrite de la main de celui qui s'oblige peut être également apposée sous forme électronique.

Des ***exceptions*** à ce principe sont prévues pour les actes sous signature privée relatifs au droit de la famille et des successions ainsi que ceux relatifs à des sûretés personnelles ou réelles, de nature civile ou commerciale, sauf s'ils sont passés par une personne pour les besoins de sa profession (art. 1175).

L'écrit électronique est soumis aux ***mêmes conditions particulières de lisibilité ou de présentation*** qui peuvent être prévues pour l'écrit sur papier (art. 1176, al. 1er). En outre, l'exigence d'un formulaire détachable est satisfaite par un procédé électronique qui permet d'accéder au formulaire et de le renvoyer par la même voie (art. 1176, al. 2).

Enfin, lorsqu'un envoi en plusieurs exemplaires est exigé, la possibilité pour chaque partie destinataire de l'imprimer sera suffisante (art. 1177).

Chapitre 7

La sanction des conditions de formation du contrat

*Un contrat qui ne présente pas les conditions imposées par la loi pour sa validité est un contrat irrégulier. La **nullité** est la sanction encourue lorsque les conditions de formation du contrat n'ont pas été respectées. La **caducité** peut désormais également sanctionner le non-respect des conditions de validité du contrat.*

1 La nullité

La nullité se distingue d'un certain nombre de sanctions qui peuvent atteindre le contrat. À l'intérieur même de la catégorie des nullités, il convient de distinguer entre nullité relative et nullité absolue.

■ *La notion de nullité*

Le contrat est nul lorsque ne sont pas remplies les conditions nécessaires à sa validité (art. 1178, al. 1er). La nullité présente deux caractéristiques :

- d'une part, du point de vue de ses ***causes***, la nullité sanctionne toujours l'irrespect de l'une des conditions de formation du contrat ;
- d'autre part, du point de vue de ses ***effets***, la nullité entraîne la disparition rétroactive des effets du contrat irrégulier ; tout se passe comme si le contrat n'avait jamais existé.

La nullité se distingue de la ***résolution***, en particulier la résolution judiciaire (art. 1224 et s. ; la résolution a pour condition l'inexécution du contrat alors que la nullité trouve son origine dans l'irrespect de l'une des conditions de formation du contrat), de l'***inopposabilité*** (en cas d'inopposabilité, le contrat est maintenu entre les parties, mais les tiers sont autorisés à le méconnaître) et de la ***caducité*** (la condition essentielle de la formation du contrat fait défaut après la formation du contrat et provoque la disparition du contrat seulement pour l'avenir).

■ *Nullité relative et nullité absolue*

L'ordonnance du 10 février 2016 a consacré la distinction entre nullité relative et nullité absolue, d'origine doctrinale.

a) Les notions de nullité relative et de nullité absolue

La ***nullité absolue*** est la sanction qui s'applique à la violation d'une règle qui a pour objet la sauvegarde de l'intérêt général (art. 1179, al. 1er).

La ***nullité relative*** est la sanction qui s'applique à la violation d'une règle ayant pour objet la sauvegarde d'un intérêt privé (art. 1179, al. 2).

Ni la jurisprudence, ni la loi n'ont repris la théorie selon laquelle existerait une troisième sanction, l'***inexistence***, conçue pour les vices les plus graves (« ***erreur-obstacle*** »), d'une gravité telle qu'ils empêcheraient la rencontre des volontés nécessaire à la formation du contrat, par exemple l'erreur sur la nature de l'acte (location et non vente par exemple).

b) Nullité judiciaire et nullité consensuelle

« La nullité doit être prononcée par le juge, à moins que les parties ne la constatent d'un commun accord » (art. 1178, al. 1er) :

- la nullité peut être ***prononcée par le juge*** ;
- la nullité peut être ***constatée par les parties,*** si elles en sont d'accord. L'article 1193 du Code civil, situé au sein des dispositions relatives à la force obligatoire du contrat, dispose de la même manière que « Les contrats ne peuvent être modifiés ou révoquées que du consentement mutuel des parties, ou pour les causes que la loi autorise ».

c) Le droit d'invoquer la nullité

La ***nullité relative*** sanctionnant le non-respect de la règle de ***protection de certains intérêts particuliers***, elle « ne peut être invoquée que par celui que la loi entend protéger » (art. 1181, al. 1er). Lorsque plusieurs bénéficiaires peuvent invoquer la nullité, la renonciation de l'un à s'en prévaloir n'empêche pas les autres d'agir (art. 1181, al. 3).

La ***nullité absolue*** étant la sanction d'une règle de protection de l'intérêt général, elle « peut être demandée par toute personne justifiant d'un intérêt, ainsi que par le ***ministère public*** » (art. 1180, al. 1er).

d) La disparition du droit d'invoquer la nullité

Le droit d'invoquer la nullité peut disparaître en raison de la confirmation ou de la prescription.

1) La confirmation

La confirmation est un acte juridique unilatéral par lequel une personne renonce à invoquer la nullité. En tant qu'acte juridique, elle obéit à des conditions de validité :

- la confirmation ne peut avoir lieu qu'en ***connaissance du vice*** dont le contrat est entaché : l'acte valant renonciation doit ***mentionner*** « l'objet de l'obligation et le vice affectant le contrat » (art. 1182, al. 1er, *in fine*) ;
- la confirmation doit toujours intervenir ***après la conclusion du contrat*** (art. 1182, al. 2). Elle ne peut être faite par anticipation ;
- en cas de ***violence***, la confirmation ne peut être valable que si la violence a cessé (art. 1182, al. 3, *in fine*).

La confirmation est un ***acte unilatéral*** qui doit respecter les conditions d'existence et de validité des contrats. Aucune autre condition relative à la ***forme de l'acte*** n'est mentionnée :

- la confirmation peut être ***expresse*** (art. 1182, al. 1er) : l'acte de confirmation doit mentionner l'objet de l'obligation et le vice affectant le contrat ;
- la confirmation peut être ***tacite***, par l'exécution volontaire du contrat, en connaissance de la cause de nullité (art. 1182, al. 3).

La confirmation emporte disparition du droit d'invoquer la nullité. Le contrat est ***rétroactivement validé***.

Vis-à-vis des parties, la confirmation a un effet ***relatif*** : elle n'engage que son auteur si celui-ci est le seul à pouvoir invoquer la nullité. Si une autre personne a le droit d'invoquer la nullité, elle conserve ce droit.

La confirmation a un effet ***rétroactif*** vis-à-vis de son auteur : tout se passe comme si le contrat initial était valable depuis l'origine. L'auteur de la confirmation ne peut pas contester les effets futurs ni passés du contrat.

La confirmation ne peut pas porter préjudice aux tiers (art. 1182, al. 3). Ces tiers sont les ***ayants cause à titre particulier*** de l'auteur de la confirmation ou plus exactement ceux qui ont acquis, entre l'acte nul et la confirmation, un droit auquel la confirmation porte atteinte. La confirmation leur est ***inopposable***.

L'ordonnance du 10 février 2016 a créé une ***action interrogatoire en matière de nullité*** : elle permet à une partie de demander à l'autre, qui pourrait dans le futur se prévaloir de la nullité, de ***confirmer*** le contrat ou d'agir en nullité dans un délai de 6 mois à peine de forclusion. Le recours à l'action interrogatoire nécessite que ***la cause de nullité ait cessé*** (art. 1183, al. 1er) et qu'il s'agisse d'une cause de ***nullité relative***. La partie interpellée doit, si elle ***refuse*** de confirmer le contrat, ***agir en nullité*** dans les 6 mois à peine de forclusion. La demande doit ***mentionner*** expressément « qu'à défaut d'action en nullité exercée avant l'expiration du délai de six mois, le contrat sera réputé confirmé » (art. 1183, al. 2).

2) La prescription

Le délai de prescription de l'action en nullité est, en application du droit commun, de ***5 ans***, que la nullité soit relative ou absolue (art. 2224). Le point de départ du délai est en principe le jour de la formation du contrat. Ce délai peut être suspendu (art. 2233 à 2239) ou interrompu dans certains cas (art. 2240 à 2246).

La ***prescription*** ne court en cas d'erreur ou de dol, du jour où ils ont été découverts et en cas de violence, du jour où elle a cessé (art. 1144). Le point de départ de la prescription de l'action en nullité qui concerne un acte conclu par un mineur est reculé au jour de la majorité ou de l'émancipation (art. 1152 1°) et lorsque la demande de nullité concerne un majeur protégé, au jour où il en a eu connaissance de l'acte alors qu'il était en situation de le refaire valablement (art. 1152 2°). La prescription de l'action en nullité qui concerne les héritiers de la personne en tutelle ou en curatelle ou de la personne faisant l'objet d'une habilitation familiale court du jour du décès si elle n'a commencé à courir auparavant (art. 1152 3°). « Le report du point de départ, la suspension ou l'interruption de la prescription ne peut avoir pour effet de porter le délai de la prescription extinctive au-delà de 20 ans à compter du jour de la naissance du droit » (art. 2232).

L'article 1185 du Code civil prévoit le ***caractère perpétuel de l'exception de nullité***, posé initialement par la jurisprudence : l'exception de nullité est imprescriptible (« *Quae temporalia sunt ad agendum perpetua sunt ad excipiendum* »), elle peut être invoquée sans limite dans le temps à condition que le contrat n'ait reçu aucun commencement d'exécution.

■ *Les effets de la nullité*

La nullité entraîne l'anéantissement rétroactif du contrat, dont l'étendue peut varier.

a) L'effet rétroactif de l'annulation entre les parties

« Le contrat annulé est censé n'avoir jamais existé » (art. 1178, al. 2). La nullité du contrat est rétroactive : le contrat disparaît pour l'avenir mais aussi pour le passé, que la nullité soit relative ou absolue.

La rétroactivité connaît peu d'***exceptions*** (ex. : la nullité du contrat de société n'est pas rétroactive ; art. 1844-15).

La rétroactivité ne s'applique pas de plein droit aux ***tiers***, notamment aux ayants cause à titre particulier, sauf s'ils ont été mis en cause dans l'instance d'annulation ou dans les cas suivants :

- les tiers de bonne foi peuvent invoquer l'article 2276 du Code civil en matière mobilière : « En fait de meubles, la possession vaut titre » ;
- en matière immobilière, le tiers acquéreur de bonne foi qui dispose d'un juste titre est soumis à une prescription acquisitive abrégée de 10 ans ;
- le tiers ne peut se voir réclamer une restitution en nature de la part de son auteur. Celui-ci peut agir en nullité, mais ne peut demander qu'une restitution en valeur ;
- les actes d'administration passés avec les tiers de bonne foi subsistent ;
- le tiers peut invoquer la théorie de l'apparence s'il est de bonne foi et si l'erreur est commune.

b) L'étendue de la nullité

En principe, la nullité n'affecte que les ***clauses concernées***, sauf si « cette ou ces clauses ont constitué un ***élément déterminant*** de l'engagement des parties ou de l'une d'elles » (art. 1184, al. 1er).

L'ordonnance du 10 février 2016 a repris une distinction opérée par la jurisprudence :

- l'article 1184 prévoit dans son 1er alinéa la nullité lorsque la ou les clauses(s) affectée(s) a ou ont constitué un élément déterminant de l'engagement d'une ou des parties ;
- l'article 1184 prévoit dans son 2e alinéa le maintien du contrat d'une part « lorsque la loi répute la clause non écrite » et d'autre part « lorsque les fins de la règle méconnue exigent son maintien ».

c) Les dommages-intérêts

Les dommages-intérêts peuvent s'ajouter à la nullité du contrat, dans les conditions du droit commun de la ***responsabilité extracontractuelle*** (art. 1178, al. 4), c'est-à-dire à la condition que la preuve d'une ***faute*** soit rapportée. Les dommages-intérêts ne peuvent découler de la seule nullité. La réparation est limitée au préjudice qui n'a pas été réparé par l'annulation du contrat.

2 La caducité

L'ordonnance du 10 février 2016 a intégré la caducité dans le Code civil.

La caducité dans un contrat isolé

La caducité est la ***disparition*** de l'un des éléments essentiels du contrat valablement formé, postérieurement à la formation du contrat (art. 1186, al. 1er). Il peut s'agir notamment d'une incapacité qui surgit au cours de l'exécution d'un contrat à exécution successive.

La caducité ***met fin au contrat*** entre les parties (art. 1187, al. 1er). Elle peut donner lieu à ***restitution*** selon les modalités prévues aux articles 1352 à 1352-9 (art. 1187, al. 2 ; v. Chapitre 24).

La caducité appliquée aux contrats interdépendants

Lorsque des contrats sont interdépendants, c'est-à-dire ***nécessaires à la réalisation d'une même opération***, la question des conséquences de la caducité de l'un sur les autres se pose. Cette question a été réglée par l'ordonnance du 10 février 2016. Elle a donné lieu auparavant à une jurisprudence hésitante, partagée entre une conception subjective et une conception objective de l'interdépendance des contrats :

- ***conception subjective*** : on se demande si l'exécution du contrat disparu était une condition déterminante du consentement de l'une des parties à un autre contrat. Il s'agit de rechercher quelle était la volonté des parties et de s'assurer de la connaissance par le cocontractant, lors de la conclusion du contrat, de l'existence des autres contrats de l'ensemble ;
- ***conception objective*** : il est tenu compte de l'opération économique dans son ensemble, qui conduit à l'impossibilité d'exécuter les autres contrats lorsque l'un d'eux disparaît.

L'article 1186 dispose dans son 2e alinéa que les ***contrats interdépendants peuvent être caducs*** dans deux cas :

- d'une part lorsque leur ***exécution*** est rendue ***impossible*** par la disparition de l'un d'entre eux : le texte consacre une conception objective de l'interdépendance ;
- d'autre part lorsque l'***exécution*** du contrat disparu était une ***condition déterminante*** du consentement d'une partie : le texte prend en compte la dimension subjective de l'interdépendance.

La sanction par la caducité exige en outre que « le contractant contre lequel elle est invoquée ***connaissait l'existence de l'opération d'ensemble*** lorsqu'il a donné son consentement » (art. 1186, al. 2).

Chapitre 8

Les effets du contrat entre les parties

Les parties au contrat sont les personnes qui donnent leur consentement au contrat ; elles sont engagées de manière irrévocable. Entre les parties, le contrat a d'une part force obligatoire et d'autre part un effet translatif.

1 L'effet obligatoire du contrat

Dès la formation du contrat, les parties sont liées par leur engagement ; elles ne peuvent en principe revenir sur leur consentement par leur seule volonté. L'imprévision constitue une atténuation à cet effet obligatoire.

■ *Le principe de la force obligatoire du contrat*

Le contrat ne peut en principe être ni écarté, ni modifié ou révisé. Le contrat ne peut être révoqué que par le consentement mutuel des parties ou pour les causes que la loi autorise : « Les contrats légalement formés ***tiennent lieu de loi*** à ceux qui les ont faits » (art. 1103, al. 1er).

« Les contrats obligent non seulement à ce qui y est exprimé, mais encore à toutes les suites que leur donnent l'équité, l'usage ou la loi » (art. 1194).

■ *Les limites de la force obligatoire du contrat*

La force obligatoire du contrat est atténuée par la possibilité de modifier ou révoquer le contrat mais surtout, désormais, par la possibilité de le renégocier.

a) La modification ou la révocation du contrat

Le contrat ne peut être révoqué que par consentement mutuel des parties, il ne peut pas être révoqué unilatéralement ; ce principe connaît quelques exceptions.

1) La modification ou la révocation du contrat d'un commun accord

Le ***contrat peut être modifié ou révoqué par consentement mutuel*** : « Les contrats ne peuvent être modifiés ou révoqués que du consentement mutuel des parties, ou pour les causes que la loi autorise » (art. 1193).

2) La modification ou la révocation unilatérale du contrat

Au moment de la conclusion du contrat, les parties ont pu s'accorder pour reconnaître à l'une d'elles le pouvoir de révoquer le contrat par sa seule volonté.

La loi donne parfois la faculté aux parties de révoquer unilatéralement le contrat. La faculté de révocation unilatérale existe également pour les ***contrats à durée indéterminée***, qui peuvent être ***résiliés unilatéralement*** par l'une ou l'autre des parties (ex. : contrat de bail, contrat de travail). La faculté de résiliation unilatérale est exceptionnelle dans les contrats à durée déterminée (ex. : mandat, droit de la consommation). En outre, le Code civil interdit le contrat perpétuel (v. Chapitre 10).

La Cour de cassation a admis peu à peu la faculté de rompre unilatéralement un contrat dans des circonstances spécifiques et limitées : « la ***gravité du comportement*** d'une partie à un contrat peut justifier que l'autre partie y mette fin de façon unilatérale à ses risques et périls » (*Cass. 1re civ., 13 oct. 1998, n° 96-21485*), peu importe que le contrat soit à durée déterminée ou pas. L'ordonnance du 10 février 2016 a confirmé la ***possibilité d'une résolution unilatérale du contrat*** dans l'article 1226 du Code civil : « Le créancier peut, à ses risques et périls, résoudre le contrat par voie de notification... » (v. Chapitre 12).

b) La renégociation du contrat

La théorie de l'imprévision veut que le juge modifie le contrat en tenant compte des ***circonstances***. Lorsque les circonstances qui accompagnant l'exécution du contrat ont changé par rapport à celles qui existaient au moment de sa conclusion et qu'elles rendent plus difficiles l'exécution du contrat par l'une des parties, la jurisprudence civile refusait traditionnellement de modifier le contrat (*Cass. civ., 6 mars 1876, Canal de Craponne*) ; le législateur l'autorisait exceptionnellement (L. *Faillot* ; C. civ., art. 900-2 et C. com., art. L. 145-33 et s.), sans toutefois adopter de principe général autorisant la révision.

Un mouvement jurisprudentiel civil tend depuis quelques années à affirmer l'existence d'une obligation de renégocier le contrat lorsque celui-ci devient profondément déséquilibré. Dans un arrêt du 29 juin 2010 (*n° 06-67369*), la Cour de cassation admettait la caducité d'un contrat sur le fondement de la disparition de la cause, lorsque l'***évolution des circonstances économiques*** conduit à déséquilibrer l'***économie générale*** du contrat telle que voulue par les parties lors de la signature de celui-ci.

L'ordonnance du 10 février 2016 rompt avec l'arrêt *Canal de Craponne* et introduit l'***imprévision*** dans le droit des contrats à l'article 1195 du Code civil en permettant une révision ou renégociation du contrat dans des conditions strictement organisées.

1) Les conditions de la renégociation

Dans le cadre d'un contrat à exécution successive, une partie peut désormais demander à l'autre une ***renégociation du contrat à trois conditions*** (art. 1195, al. 1er) :

- un ***changement de circonstances « imprévisible »*** ;
- ce changement doit rendre l'***exécution « excessivement onéreuse »*** pour une partie ;
- cette partie « ***n'avait pas accepté d'en assumer le risque*** ».

L'article 1195 est supplétif de volonté.

2) Les modalités de la renégociation

La ***renégociation*** peut se dérouler ***en une ou deux étapes*** :

- une partie peut ***demander à l'autre une renégociation***. La partie sollicitée pour renégocier peut accepter ou refuser. Si elle accepte, la partie qui a sollicité la renégociation continue à exécuter ses obligations pendant la renégociation (art. 1195, al. 1er, *in fine*) ;
- si la partie sollicitée pour une renégociation refuse ou si la renégociation se solde par un échec, les parties ont ***deux possibilités*** : soit elles ***conviennent de la résolution*** du contrat, soit elles peuvent, d'un commun accord, demander au juge de procéder à l'***adaptation du contrat*** (art. 1195, al. 2). À défaut d'accord dans un délai raisonnable, « le juge peut, à la demande d'une partie, ***réviser le contrat ou y mettre fin***, à la date et aux conditions qu'il fixe » (art. 1195, al. 3).

c) La prévision contractuelle

Aujourd'hui, les contractants prévoient souvent des procédures spéciales permettant de modifier le contrat pour l'adapter aux circonstances nouvelles : les parties peuvent insérer au contrat une ***clause d'indexation*** qui permet de faire varier le prix de l'une des prestations en fonction d'un indice prédéterminé (C. mon. fin., art. L. 112-1 et s.). Sont interdites les indexations fondées sur le niveau général des prix ou des salaires ou sur un indice général (prix ou salaires) ou sur les prix de biens et services qui n'ont pas de relation directe avec l'objet du contrat ou l'activité de l'une des parties, sauf pour les paiements internationaux (sont ainsi permises les « *clauses-or* ») ou pour les rentes d'aliments et rentes viagères constituées entre particuliers (liberté d'indexation).

2 L'effet translatif du contrat

La suppression dans le Code civil, par l'ordonnance du 10 février 2016, de toute référence à l'obligation de faire a pour conséquence de ***faire du transfert de propriété un effet légal du contrat***, découlant de l'échange des consentements. Le débiteur a l'obligation de conserver la chose « *en y apportant* ***tous les soins d'une personne raisonnable*** », jusqu'à sa délivrance (art. 1197).

■ *Le transfert de propriété*

Le ***transfert de propriété s'opère dès la conclusion du contrat*** (art. 1196), c'est-à-dire dès l'échange des consentements (*solo consensu*), lorsque celui-ci a pour objet « l'aliénation de la propriété ou la cession d'un autre droit ».

Par exception, ce transfert peut être ***différé*** par la volonté des parties, en raison de la nature des choses ou en application d'une disposition de la loi (art. 1196, al. 2).

■ *Le transfert des risques de la chose*

Le moment du transfert des risques est fixé par l'article 1196, alinéa 3 du Code civil selon la nature du contrat :

- pour les ***contrats translatifs de droit réel***, le transfert des risques s'opère toujours en même temps que le transfert de la propriété (*res perit domino*) ;
- pour les ***autres contrats***, « lorsque l'impossibilité d'exécuter résulte de la perte de la chose due, le débiteur mis en demeure est néanmoins libéré s'il prouve que la perte se serait pareillement produite si l'obligation avait été exécutée » (art. 1351-1, al. 1er ; *res perit debitori*).

La ***mise en demeure*** de délivrer la chose met les risques à la charge du débiteur non-propriétaire (vendeur) (art. 1196, al. 3 et 1344-2), sous réserve des dispositions de l'article 1351-1 qui libèrent le débiteur qui prouve que la perte de la chose se serait produite même si celle-ci avait été livrée et sauf disposition contractuelle contraire.

Des règles différentes existent en matière de ***contrats entre professionnels et consommateurs*** (C. consom., art. L. 216-4).

Chapitre 9

Les effets du contrat à l'égard des tiers

Le contrat n'a théoriquement d'effet qu'entre les parties. Il n'intéresse pas les tiers mais ceux-ci ne peuvent néanmoins l'ignorer totalement, notamment en cas de promesse de porte-fort, de stipulation pour autrui ou en présence d'une chaîne de contrats. En cas de simulation, les tiers peuvent ignorer la réalité de l'opération juridique voulue par les parties.

1 Les principes généraux relatifs aux effets du contrat à l'égard des tiers

Par l'effet de l'ordonnance du 10 février 2016, le principe de l'effet relatif et celui de l'opposabilité aux tiers sont désormais clairement séparés et prévus par deux articles distincts.

■ *L'effet relatif du contrat*

« ***Le contrat ne crée d'obligations qu'entre les parties*** » (art. 1199, al. 1er) : les effets du contrat ne se produisent qu'entre les parties au contrat. Ce principe interdit d'une part l'extension des effets du contrat au-delà des parties, c'est-à-dire aux tiers, d'autre part la possibilité de conclure des contrats pour autrui. « Les tiers ne peuvent ni demander l'exécution du contrat, ni se voir contraints de l'exécuter », sous réserve des règles prévues d'une part en matière de simulation, de promesse de porte-fort et de stipulation pour autrui, d'autre part en matière d'action oblique, d'action paulienne et d'actions directes (art. 1199, al. 2 ; v. Chapitre 24).

Cette règle n'est pas absolue : les tiers peuvent être intéressés aux contrats, qui leur sont opposables.

■ *L'opposabilité du contrat aux tiers*

a) L'opposabilité par les parties aux tiers

« Les tiers doivent respecter la situation juridique créée par le contrat » (art. 1200, al. 1er) : ils ne peuvent totalement ignorer le contrat. Le contrat est opposable aux tiers (sauf en cas de simulation, v. art. 1201, *in fine*). Cette opposabilité est parfois subordonnée à l'accomplissement de certaines formalités.

b) L'opposabilité du contrat par les tiers aux parties

Les tiers peuvent se prévaloir du contrat notamment pour apporter la ***preuve*** d'un fait (art. 1200, al. 2).

Les textes, et dans une moindre mesure, la jurisprudence ne permettent pas de savoir si l'opposabilité du contrat par les tiers aux parties peut permettre au tiers de ***se prévaloir du contrat*** lorsque le manquement d'une partie à son engagement contractuel lui a causé un ***préjudice***. Dans un arrêt *Myr'Ho/Bootshop (Cass. ass. plén., 6 oct. 2006, n° 05-13255 confirmé par 13 janv. 2020, n° 17-19963*), la Cour de cassation a répondu par l'affirmative : le fait générateur de la responsabilité du contractant à l'égard du tiers serait l'inexécution du contrat : le manquement contractuel est assimilé à une faute délictuelle.

2 La simulation

La simulation est le fait pour les parties de dissimuler leur volonté réelle derrière une volonté purement apparente (art. 1201).

■ *La notion de simulation*

a) Les éléments de la simulation

La simulation est un mensonge qui suppose une dissimulation voulue. Il se réalise au moyen de deux actes :

- ***l'acte apparent ou ostensible réalise le mensonge*** : il ne doit pas révéler l'existence de l'acte secret ;
- ***l'acte secret ou clandestin correspond à la volonté réelle des parties*** : cet acte est appelé la contre-lettre. Il doit être concomitant à l'acte apparent.

b) Les formes de la simulation

La simulation peut prendre quatre formes :

- la simulation peut ***porter sur l'existence même de l'acte du contrat*** : par l'acte secret, les parties décident que le contrat apparent n'existe pas ;
- la simulation peut ***porter sur la nature de l'acte*** (« déguisement ») : l'acte apparent se présente comme un contrat d'une certaine nature alors que l'acte secret correspond à un contrat de nature différente ;
- la simulation peut ***porter sur l'objet de l'acte :*** seuls certains aspects du contrat réel sont dissimulés (« déguisement partiel ») ;
- la simulation peut ***porter sur les parties à l'acte*** : une personne figure comme partie à l'acte apparent mais en réalité, c'est une autre qui est réellement partie, afin notamment de contourner les obstacles créés par les régimes de protection du mineur ou du majeur ou de réaliser une fraude.

■ *Le régime de la simulation*

La simulation n'est pas en elle-même une cause de nullité de l'opération (art. 1201). Lorsque les parties ont agi dans un but louable, la technique de la simulation ne doit pas être condamnée. La ***preuve*** de la simulation étant difficile à apporter, le législateur a préféré, dans certains cas, considérer que la simulation est en elle-même illicite. Si elles ont agi dans un but de ***fraude***, la simulation devra être prouvée et il conviendra ensuite d'appliquer la convention secrète comme si elle avait été ostensible.

a) La simulation licite

La contre-lettre, c'est-à-dire le contrat dissimulé, produit effet ***entre les parties*** car elle est l'expression de leur volonté réelle (art. 1201) :

- si le contrat est lui-même parfaitement régulier, l'accord secret s'applique parce qu'il correspond à la volonté réelle des parties ;
- si l'accord secret est irrégulier, il sera nul pour irrégularité mais pas pour simulation puisque la simulation est licite.

En ***principe***, la contre-lettre n'est pas opposable aux tiers mais ceux-ci peuvent s'en prévaloir (art. 1201, *in fine*), à condition, selon la jurisprudence, de ne pas avoir participé à la simulation. Par ***exception***, peuvent se voir opposer la contre-lettre les tiers de mauvaise foi lorsqu'ils connaissaient l'acte secret et les ayants cause universels de l'une ou de l'autre des parties sauf lorsqu'ils agissent pour défendre un droit qui leur est propre. En cas de conflit entre les tiers, la jurisprudence fait prévaloir les intérêts de ceux des tiers qui invoquent l'acte apparent.

b) La simulation illicite

La simulation est illicite dans deux cas :

- lorsqu'elle a « pour objet une augmentation du prix stipulé dans le traité de cession d'un office ministériel » (art. 1202, al. 1er) ;
- lorsqu'elle a « pour but de dissimuler une partie du prix, lorsqu'elle porte sur une vente d'immeubles, une cession de fonds de commerce ou de clientèle, une cession d'un droit à un bail, ou le bénéfice d'une promesse de bail portant sur tout ou partie d'un immeuble et tout ou partie de la soulte d'un échange ou d'un partage comprenant des biens immeubles, un fonds de commerce ou une clientèle » (art. 1202, al. 2).

3 La stipulation pour autrui

L'article 1203 du Code civil dispose que l'« On ne peut s'engager en son propre nom que pour soi-même ». L'article 1205, alinéa 1er du Code civil pose le principe de la validité de la stipulation pour autrui (« On peut stipuler pour autrui ») car ***la stipulation pour autrui ne peut engager autrui sans son consentement.***

Le mécanisme de la stipulation pour autrui est clairement décrit à l'alinéa 2 de l'article 1205 du Code civil : « L'un des contractants, le stipulant, peut faire promettre à l'autre, le promettant, d'accomplir une prestation au profit d'un tiers, le bénéficiaire ».

■ *Les conditions de la stipulation pour autrui*

La stipulation pour autrui est valable dès lors que le stipulant y trouve au moins un ***intérêt moral*** (art. 1205).

Deux types de stipulations pour autrui peuvent poser problème :

- ***stipulation pour autrui au profit d'une personne indéterminée*** : elle est valable même si le tiers n'est pas nommément désigné au moment où elle est faite, dès lors qu'il est déterminable au moment où la stipulation pour autrui produira son effet (art. 1205, al. 2, *in fine*). Si le tiers n'est pas désigné au départ, la désignation doit intervenir avant que la stipulation pour autrui ne produise ses effets ;
- ***stipulation pour autrui au profit d'une personne future*** : elle est possible à condition pour le bénéficiaire d'« être précisément désigné ou pouvoir être déterminé lors de l'exécution de la

promesse » (art. 1205, al. 2, *in fine*). Cette solution est depuis longtemps admise par la jurisprudence, notamment afin d'assurer le bon fonctionnement des ***contrats d'assurance-vie***.

Les effets de la stipulation pour autrui

En principe, la stipulation pour autrui fait naître des droits au profit du tiers bénéficiaire mais en aucun cas des obligations à sa charge.

a) Les rapports stipulant/promettant

Le contrat principal doit être exécuté conformément au ***droit commun***. Le stipulant peut exiger que le promettant s'exécute au profit du tiers (art. 1209).

b) Les rapports stipulant/bénéficiaire

Selon les hypothèses, la stipulation pour autrui peut avoir soit un caractère onéreux, soit un caractère gratuit.

Le stipulant peut révoquer la stipulation pour autrui tant que le tiers ne l'a pas acceptée (art. 1206, al. 2). La stipulation devient ***irrévocable au moment où l'acceptation parvient au stipulant ou au promettant*** (art. 1206, al. 3). La révocation ne remet pas en cause le contrat entre le stipulant et le promettant : la stipulation disparaît et le stipulant reçoit la créance née de la stipulation dans son patrimoine.

« La révocation ne peut émaner que du stipulant ou, après son décès, de ses héritiers » (art. 1207, al. 1er), conformément à la jurisprudence. La révocation ne peut produire effet que lorsque le bénéficiaire ou le promettant en a eu connaissance (art. 1207, al. 3).

c) Les rapports promettant/tiers bénéficiaire

Le tiers bénéficiaire devient créancier du promettant dès la conclusion du contrat entre stipulant et promettant. ***Le tiers devient créancier*** avant même d'avoir accepté. Le tiers peut agir en exécution de la promesse mais en aucun cas en résolution du contrat principal.

L'acceptation peut être ***expresse ou tacite***. Elle peut émaner soit du bénéficiaire, soit, après son décès, de ses héritiers, sauf clause contraire. Elle peut intervenir après le décès du stipulant ou du promettant (art. 1208, *in fine*).

Dès la stipulation, le bénéficiaire est investi du ***droit d'agir directement contre le promettant*** pour l'exécution de l'engagement (art. 1206, al. 1er), droit qu'il est censé avoir eu dès sa constitution (art. 1207, al. 3). Par conséquent, ce droit ne transite pas par le patrimoine du stipulant et échappe donc aux créanciers de celui-ci.

En outre, conformément à la jurisprudence, « Le stipulant peut lui-même exiger du promettant l'exécution de son engagement envers le bénéficiaire » (art. 1209).

4 La promesse de porte-fort

L'article 1204, alinéa 1er du Code civil définit la promesse de porte-fort comme le ***fait de promettre le fait d'un tiers*** : une personne s'engage à obtenir elle-même l'engagement d'un tiers, ce dernier restant libre de ratifier ou pas. La promesse de porte-fort ne peut engager un tiers sans son consentement.

■ *Le domaine de la promesse de porte-fort*

La promesse de porte-fort peut exister dans deux hypothèses : soit à titre principal et isolé, soit à titre accessoire. Dans ce dernier cas, elle accompagne un contrat principal qui nécessite le consentement d'un tiers. Il existe plusieurs types de promesse de porte-fort :

- ***porte-fort de ratification :*** le promettant s'engage à obtenir le consentement d'un tiers à un acte négocié et conclu ;
- ***porte-fort d'exécution :*** le promettant s'engage à ce qu'un tiers exécute un contrat conclu avec le bénéficiaire, à titre de garantie.

■ *Les effets de la promesse de porte-fort*

La promesse de porte-fort engage le seul promettant ; le tiers garde la possibilité de ***ratifier*** et de s'engager ou non.

a) Les effets envers le promettant

Le promettant, c'est-à-dire le porte-fort, s'est engagé à obtenir le consentement du tiers. Deux hypothèses sont alors envisageables (art. 1204) :

- ***le tiers s'engage lui-même*** : le porte-fort est libéré, il a rempli son obligation ;
- ***le tiers refuse de ratifier le contrat initial*** : le promettant engage sa responsabilité et peut être condamné à verser des dommages-intérêts au bénéficiaire de la promesse.

b) Les effets envers le tiers

La promesse de porte-fort a deux types de conséquences envers le tiers :

– ***le tiers refuse de ratifier*** : le contrat n'est pas formé ;
– ***le tiers accepte de ratifier*** : le tiers est alors engagé soit rétroactivement en présence d'un porte-fort de ratification (art. 1204, al. 3), soit uniquement pour l'avenir en présence d'un porte-fort d'exécution.

5 Les chaînes de contrats

La jurisprudence a précisé dans certains cas quel type de responsabilité pouvait être engagée lorsque l'inexécution d'un contrat entraîne des conséquences à l'égard de tiers au contrat c'est-à-dire en présence d'une ***chaîne de contrats***. Une distinction est faite selon le type de chaîne de contrats concerné :

– lorsqu'il s'agit d'une ***chaîne homogène de contrats translative de propriété***, la responsabilité du premier vendeur est « nécessairement contractuelle » (*Cass. 1re civ., 9 oct. 1979, n° 78-12502*) ;
– lorsqu'il s'agit d'une ***chaîne hétérogène de contrats translative de propriété***, la responsabilité est contractuelle (*Cass. ass. plén., 7 févr. 1986, n° 84-15189 et 83-14631*) ;
– lorsqu'il s'agit d'une ***chaîne de contrats non translative de propriété*** (sous-contrat), la jurisprudence a décidé qu'il s'agissait d'une responsabilité délictuelle (*Cass. ass. plén., 12 juill. 1991, n° 90-13602*) après avoir opté dans un premier temps pour une responsabilité contractuelle (*Cass. 1re civ., 8 mars 1988, n° 86-18182*).

Chapitre 10

La durée du contrat

Depuis l'ordonnance du 10 février 2016, une section du Code civil regroupe les articles consacrés à la durée du contrat. Les textes rappellent en préambule la prohibition des engagements perpétuels puis introduit une distinction entre deux types de contrats à exécution successive (art. 1111-1, al. 2) : ceux-ci peuvent être à durée déterminée ou à durée indéterminée.

1 La prohibition des engagements perpétuels

Consacrant la jurisprudence, notamment du Conseil constitutionnel (*9 nov. 1999, n° 99-419 DC*), l'article 1210 du Code civil pose dans son 1er alinéa le principe selon lequel « Les engagements perpétuels sont prohibés ». Certains textes spéciaux du Code civil prévoyaient déjà ce principe.

L'engagement perpétuel se résout comme un contrat à durée indéterminée (art. 1210, al. 2).

2 Le contrat à durée indéterminée (CDI)

Le contrat à durée indéterminée n'est pas défini par le Code civil mais entendu généralement comme celui qui ***n'est pas affecté d'un terme***.

Chacun des cocontractants peut « ***librement mettre fin au contrat à durée indéterminée*** sous réserve de respecter le délai de préavis contractuellement prévu ou, à défaut, un délai raisonnable » (art. 1211).

Celui qui veut résilier le contrat à durée indéterminée doit respecter un ***délai de préavis raisonnable, à défaut d'être contractuellement prévu*** (art. 1211).

En cas de rupture abusive du contrat à durée indéterminée, la jurisprudence opte pour une ***responsabilité civile de droit commun***.

3 Le contrat à durée déterminée (CDD)

Le contrat à durée déterminée n'est pas non plus défini par le Code civil. Il est généralement considéré comme celui dont l'***extinction est liée à une date ou à un événement*** précis.

Le contrat à durée déterminée oblige celui qui s'est engagé à l'***exécuter jusqu'à son terme*** (art. 1212, al. 1er) : l'un des contractants ne peut y mettre fin unilatéralement.

De nombreux textes spéciaux prévoient des ***exceptions*** à cette impossibilité de rompre le contrat à durée déterminée unilatéralement, par exemple en matière de baux (L. 6 juill. 1989, art. 12), de mandat (art. 2004 et 2007) ou de dépôt (art. 1944), etc.

En cas de rupture du contrat, la jurisprudence actuelle opte plutôt pour la mise en œuvre de la ***responsabilité contractuelle*** du contractant.

Le ***renouvellement du contrat*** n'est pas un droit mais une ***possibilité*** : « Nul ne peut exiger le renouvellement du contrat » (art. 1212, al. 2). Il peut découler de la loi ou de l'accord des parties (art. 1214, al. 1er). Le renouvellement conduit à la naissance d'un nouveau contrat, identique au précédent dans son contenu, mais à ***durée indéterminée*** (art. 1214, al. 2, *in fine*).

« Le contrat peut être ***prorogé*** si les contractants en manifestent la volonté avant son expiration. La prorogation ne peut porter atteinte aux droits des tiers » (art. 1213). La prorogation doit être décidée ***avant l'expiration*** du contrat. Elle conduit à reporter le terme extinctif initialement prévu.

Lorsque les parties au contrat conclu à durée déterminée ***continuent d'en exécuter*** les obligations à l'expiration du terme, il y a ***tacite reconduction*** (art. 1215, al. 1er). « Celle-ci produit les mêmes effets que le renouvellement du contrat » (art. 1215, al. 2).

Chapitre 11

La cession de contrat

L'ordonnance du 10 février 2016 a validé la cession de contrat, utilisée par la pratique ou déjà prévue par la loi dans des cas spécifiques (C. civ., art. 1743 ; C. assur., art. L. 121-10 ; C. trav., art. L. 1224-1). La cession de contrat n'est pas envisagée simplement comme une cession de créance s'ajoutant à une cession de dette mais comme une opération permettant de substituer un tiers à l'une des parties, sans porter atteinte au contrat.

1 Les conditions de la cession de contrat

« Un contractant, le cédant, peut ***céder sa qualité de partie au contrat*** à un tiers, le cessionnaire, avec l'accord de son cocontractant, le cédé » (art. 1216, al. 1er). La validité de la cession est subordonnée à l'accord du cocontractant ainsi qu'à une constatation écrite.

La cession de contrat est fréquemment utilisée en pratique. L'exemple le plus connu de cession de contrat est celui des contrats de travail en cours lors de la cession d'une entreprise ou d'une exploitation (C. trav., art. L. 1224-1).

La cession de contrat par un contractant nécessite ***l'accord de son cocontractant*** (art. 1216, al. 1er), comme l'exige une jurisprudence constante.

L'accord peut être donné ***à l'avance***, notamment dès la conclusion du contrat initial entre les futurs cédants et le cédé. Dans ce cas, la cession produit effet à l'égard du cédé lorsque le contrat conclu entre le cédant et le cessionnaire lui est notifié ou lorsqu'il en prend acte (art. 1216, al. 2). Dans les autres cas, l'accord intervient au moment de la cession.

« La cession doit être ***constatée par écrit, à peine de nullité*** » (art. 1216, al. 3).

2 Les effets de la cession du contrat

La cession de contrat a pour conséquence d'opérer la substitution de l'une des parties au contrat par un nouveau cocontractant.

Les effets généraux de la cession de contrat

L'article 1216-1 du Code civil établit une distinction :

– ***si le cédé a expressément consenti à la libération du cédant*** : celui-ci est libéré pour l'avenir. Le cessionnaire peut poursuivre le cédant pour des manquements antérieurs à la cession, comme en décide la jurisprudence la plus récente ;
– ***si le cédé n'a pas expressément consenti à la libération du cédant*** : le cédant est tenu solidairement à l'exécution du contrat, sauf clause contraire.

L'opposabilité des exceptions

Le cessionnaire peut opposer au cédé (art. 1216-2, al. 1er) :

– les ***exceptions inhérentes à la dette***, telles que la nullité, l'exception d'inexécution, la résolution ou la compensation de dettes connexes ;
– les ***exceptions personnelles*** au cédant.

Le cédé peut opposer au cessionnaire toutes les exceptions qu'il aurait pu opposer au cédant (art. 1216-2, al. 2).

Le sort des sûretés

Le sort des garanties du paiement à l'issue de la cession de contrat est précisé par l'article 1216-3 nouveau du Code civil :

– ***si le cédé n'a pas expressément consenti à la libération du cédant*** : les sûretés qui ont pu être consenties subsistent ;
– ***si le cédé a expressément consenti à la libération du cédant*** : les sûretés consenties par le cédant ou par des tiers ne subsistent qu'avec leur accord (art. 1216-3, al. 1er, *in fine*). Les codébiteurs solidaires du cédant restent tenus déduction faite de sa part dans la dette.

Chapitre 12

L'inexécution du contrat

L'ordonnance du 10 février 2016 a permis de compléter et de rassembler au sein d'une même section du Code civil l'ensemble des dispositions relatives à l'inexécution du contrat, jusque-là éparses.

L'article 1217 du Code civil prévoit désormais que la partie qui n'a pu bénéficier de l'exécution ou n'a bénéficié que d'une exécution imparfaite peut :
- refuser d'exécuter ou suspendre l'exécution de sa propre obligation ;
- poursuivre l'exécution forcée en nature de l'obligation ;
- obtenir une réduction du prix ;
- provoquer la résolution du contrat ;
- demander réparation des conséquences de l'inexécution.

Cette liste n'entend pas établir de hiérarchie entre les sanctions proposées : le créancier insatisfait dispose d'un ***choix***.

Ces sanctions peuvent se ***cumuler*** dès lors qu'elles ne sont pas incompatibles et les ***dommages-intérêts*** s'y ajouter dès lors que sont remplies les conditions de la responsabilité contractuelle (art. 1217, al. 7). Le débiteur peut être libéré et exonéré de toute responsabilité en cas de force majeure.

1 La force majeure

Préalablement à l'exposé des différentes sanctions de l'inexécution, les textes du Code civil tels qu'ils découlent de l'ordonnance du 10 février 2016 définissent la force majeure, dont l'existence libère et exonère le débiteur de toute responsabilité.

La notion de force majeure

« Il y a force majeure en matière contractuelle lorsqu'un ***événement échappant au contrôle du débiteur***, qui ne pouvait être raisonnablement prévu lors de la conclusion du contrat et dont les effets ne peuvent être évités par des mesures appropriées, empêche l'exécution de son obligation par le débiteur » (art. 1218, al. 1er). La notion de ***cas fortuit***, proche de celle de force majeure, a disparu du Code civil.

Les caractères de la force majeure

La personne dont la responsabilité est invoquée peut démontrer que ***le fait qui lui est imputé n'est pas la cause essentielle du dommage*** ou n'en est pas la cause unique mais que celui-ci découle de la force majeure.

Les trois caractères traditionnels de la force majeure sont l'imprévisibilité, l'irrésistibilité et l'extériorité.

- ***l'imprévisibilité*** : l'événement ne pouvait être raisonnablement prévu lors de la conclusion du contrat ;
- ***l'irrésistibilité*** : il s'agit d'un événement « dont les effets ne peuvent être évités par des mesures appropriées » ;
- ***l'extériorité*** : l'événement doit échapper au contrôle du débiteur.

Le fait de la victime ou celui d'un tiers peut exonérer le débiteur de sa responsabilité que s'il revêt les ***caractères de la force majeure***.

Les effets de la force majeure

Lorsque l'inexécution est ***définitive*** en raison de la force majeure, le contrat est résolu de plein droit (art. 1218, al. 2, *in fine*). Les parties sont alors libérées de leurs obligations dans les conditions prévues aux articles 1351 et 1351-1 du Code civil en matière d'impossibilité d'exécuter (v. Chapitre 23). Si l'empêchement est ***temporaire***, le contrat peut être suspendu sauf si le retard en résultant justifie la résolution du contrat (art. 1218, al. 2). L'inexécution due à la force majeure ne peut donner lieu à des ***dommages-intérêts.***

2 L'exception d'inexécution

L'exception d'inexécution est un mécanisme qui permet à l'une des parties de refuser d'exécuter ses obligations tant que l'autre n'exécute pas les siennes (= *exceptio non adimpleti contractus*).

Les conditions de l'exception d'inexécution

L'inexécution ne peut concerner que des ***obligations à exécution simultanée***. Elle s'applique au contrat synallagmatique (sauf lorsque l'obligation de l'une des parties est affectée d'un terme), mais la jurisprudence l'a étendu à d'autres types de contrats contenant des obligations réciproques ou à des contrats unilatéraux à titre onéreux.

L'exception d'inexécution permet à une partie de ne pas exécuter son obligation, alors même que celle-ci est exigible, lorsque l'autre n'exécute pas la sienne, à condition que cette ***inexécution soit suffisamment grave*** (art. 1219).

Le recours à l'exception d'inexécution est également possible en cas de ***risque d'inexécution***, c'est-à-dire lorsqu'il « est manifeste que son cocontractant ne s'exécutera pas à l'échéance », à condition que les conséquences de cette inexécution soient suffisamment graves pour le créancier (art. 1220).

La ***suspension par anticipation*** doit être notifiée au créancier dans les meilleurs délais (art. 1220, *in fine*).

Les effets de l'exception d'inexécution

L'exception d'inexécution a pour conséquence de ***suspendre l'exécution de l'obligation*** de celui qui invoque ce mécanisme. L'exception d'inexécution est opposable aux tiers. Le contrat subsiste : lorsque le créancier à qui l'inexécution était imputable s'exécute, l'autre doit faire de même.

3 L'exécution forcée en nature

L'exécution forcée en nature consiste pour le créancier à forcer le débiteur à exécuter l'obligation qu'il s'est obligé à fournir. Elle est privilégiée par rapport à l'exécution par équivalent autant par les textes que par la jurisprudence.

Les conditions de l'exécution forcée en nature

a) Le principe

« Le créancier d'une obligation peut, après mise en demeure, en poursuivre l'exécution en nature, sauf si cette exécution est impossible ou s'il existe une disproportion manifeste entre son coût pour le débiteur et son intérêt pour le créancier » (art. 1221).

La jurisprudence avait également déjà validé le ***principe de l'exécution forcée en nature*** (*Cass. 1re civ., 19 févr. 1970, n° 68-13866*).

b) La mise en demeure préalable

Le créancier d'une obligation peut en demander l'exécution en nature à condition de mettre préalablement ***en demeure*** le débiteur (art. 1221).

c) Les exceptions à l'exécution forcée en nature

Le texte prévoit ***deux types d'exceptions*** à la possibilité de demander une exécution en nature :

- conformément à la jurisprudence, la demande d'exécution en nature est exclue si celle-ci est ***impossible*** ;
- l'exécution en nature ne peut être demandée ***comme la promesse de porte-fort*** s'il existe une ***disproportion manifeste entre son coût pour le débiteur et son intérêt pour le créancier ;***
- le débiteur doit être de ***bonne foi***.

■ *Les modalités de l'exécution forcée en nature*

Le créancier insatisfait a deux possibilités (art. 1222, al. 1er) :

- ***faire exécuter l'obligation lui-même*** : il peut faire faire à un tiers ce qui devait l'être par le débiteur, désormais sans autorisation du juge ;
- sur autorisation du juge, ***détruire ce qui a été fait en violation de l'obligation***.

Le créancier peut demander au débiteur le remboursement des sommes engagées à ces fins ou demander en justice que le débiteur avance les sommes nécessaires à cette exécution ou à cette destruction (art. 1222, al. 2).

4 La réduction du prix

Le créancier a la possibilité de proposer à son cocontractant, en cas d'exécution imparfaite du contrat, une réduction proportionnelle du prix (art. 1223).

■ *Les conditions de la réduction de prix*

En cas d'inexécution imparfaite de la prestation, deux hypothèses doivent être distinguées :

- ***soit le créancier n'a pas encore payé tout ou partie de la prestation*** : il peut, après mise en demeure, notifier dans les meilleurs délais au débiteur sa décision de réduire le prix (art. 1223, al. 2). Le débiteur doit accepter la réduction du prix par écrit ;

– ***soit le créancier a déjà payé*** : à défaut d'accord avec le débiteur, il peut demander au juge la réduction de prix (art. 1223, al. 2).

La réduction proportionnelle du prix peut être proposée par le créancier, à condition d'avoir préalablement mis en demeure le débiteur (art. 1223, al. 1er).

La réduction du prix ***ne peut être imposée au créancier*** qui peut toujours se tourner vers un autre remède à l'inexécution. Le manque de clarté des textes ne permet pas de dire si elle peut être imposée au débiteur.

■ *Les effets de la réduction de prix*

La réduction du prix permet une révision du contrat proportionnelle à la gravité de l'inexécution ; elle aboutit à un ***rééquilibrage du contrat***. Celui-ci est donc maintenu mais modifié. Les dommages-intérêts ne sont pas exclus si les conditions en sont remplies.

5 La résolution

La résolution est la plus grave des sanctions de l'inexécution puisqu'elle met fin au contrat.

■ *Les modalités de la résolution*

La résolution pour inexécution peut résulter (art. 1224) :

– soit de la mise en œuvre d'une ***clause résolutoire*** ;

– soit d'une ***notification*** du créancier au débiteur, à condition que l'inexécution soit suffisamment grave ;

– soit d'une ***décision de justice***.

La ***loi*** prévoit parfois elle-même que la résolution aura lieu de plein droit (art. 1657). La jurisprudence a récemment admis la résolution du contrat aux torts partagés des parties lorsque ni l'une ni l'autre ne souhaite sérieusement poursuivre l'exécution du contrat.

a) La clause résolutoire

« La clause résolutoire précise les engagements dont l'inexécution entraînera la résolution du contrat » (art. 1225, al. 1er). Ceux-ci sont ainsi définis en amont par les cocontractants.

Aucune condition de gravité de l'inexécution n'est exigée pour mettre en œuvre une clause résolutoire.

La résolution n'est pas automatique : le créancier doit mettre le débiteur ***en demeure*** (sauf s'il a été convenu que celle-ci découlerait du seul fait de l'inexécution) en mentionnant expressément la clause résolutoire (art. 1225, al. 2).

b) La résolution unilatérale du contrat

L'une des principales innovations de l'ordonnance du 10 février 2016 en matière d'inexécution du contrat réside dans la possibilité donnée au créancier, à certaines conditions, de résoudre unilatéralement le contrat.

La Cour de cassation avait déjà admis la ***faculté de rompre unilatéralement*** un contrat dans des circonstances spécifiques et limitées, que le contrat soit à durée déterminée ou non (*Cass. 1re civ., 13 oct. 1998, n° 96-21485*). L'article 1226 du Code civil reprend en partie les mêmes termes que la jurisprudence : « Le créancier peut, à ses risques et périls, résoudre le contrat par voie de notification » (al. 1er).

La résolution peut résulter d'une notification du créancier au débiteur à condition que l'***inexécution soit suffisamment grave*** (art. 1224, al. 1er).

La résolution se fait par ***voie de notification***, sans intervention judiciaire. Le créancier qui souhaite résoudre le contrat doit, sauf en cas d'urgence, mettre préalablement en demeure le débiteur défaillant (art. 1226, al. 2).

Si ***le débiteur conteste la résolution***, il peut saisir le juge à tout moment. « Le créancier doit alors prouver la gravité de l'inexécution » (art. 1226, al. 4).

« Les restitutions ont lieu dans les conditions prévues aux articles 1352 à 1352-9 » (art. 1229, al. 4 ; v. Chapitre 24).

c) La résolution judiciaire du contrat

« La résolution peut, en toute hypothèse, être demandée en justice » (art. 1227), même s'il existe une clause résolutoire insérée au contrat ou si une procédure par notification a été engagée. L'***inexécution doit être suffisamment grave*** (art. 1224, *in fine*).

Dans le cadre délimité par les demandes des parties, le ***juge*** peut prononcer la résolution, ordonner l'exécution du contrat, en accordant éventuellement un délai au débiteur, ou allouer seulement des dommages et intérêts, notamment si le manquement n'est pas suffisamment grave pour justifier une résolution (art. 1228).

Les effets de la résolution pour inexécution

La résolution ***met fin au contrat*** (art. 1229, al. 1er). La rétroactivité de la résolution, préconisée tant par la doctrine que par la jurisprudence, n'a pas été validée par l'ordonnance du 10 février 2016 :

- la ***clause résolutoire*** prend effet à la date prévue par les parties ;
- la ***résolution par notification*** prend effet à la date de la réception par le débiteur de la notification du créancier ;
- la ***résolution judiciaire*** prend effet à la date fixée par le juge ou, à défaut, au jour de l'assignation en justice.

Les modalités de ***restitution*** peuvent différer selon les cas (art. 1229, al. 3) :

- soit les prestations échangées ne pouvaient ***trouver leur utilité que par l'exécution complète du contrat résolu*** : les parties doivent restituer l'intégralité de ce qu'elles se sont procuré l'une à l'autre, selon les règles prévues aux articles 1352 à 1352-9 (art. 1229, al. 4 ; v. Chapitre 26) ;
- soit les prestations échangées ont ***trouvé leur utilité au fur et à mesure*** de l'exécution réciproque du contrat : les restitutions n'ont pas lieu pour la période antérieure à l'inexécution (on parle de résiliation).

6 La responsabilité contractuelle

Les articles consacrés par l'ordonnance de 2016 à la réparation du préjudice causé par l'inexécution contractuelle marquent l'abandon de la distinction entre obligation de moyen et obligation de résultat. Cette distinction présentait un intérêt majeur en cas d'inexécution de l'obligation. En effet, les conditions de mise en œuvre de la responsabilité étaient différentes selon que l'obligation est de résultat ou de moyens :

- en présence d'une ***obligation de résultat***, pour que la responsabilité du débiteur soit engagée, il suffisait de constater que le débiteur ne s'était pas exécuté ;
- en présence d'une ***obligation de moyens***, pour engager la responsabilité du débiteur, le créancier devait prouver non seulement que le résultat atteint n'était pas celui escompté mais aussi que le débiteur n'avait pas mis en œuvre tous les moyens possibles, c'est-à-dire qu'il avait commis une faute.

Le contenu des anciens articles 1137 et 1147 du Code civil n'a pas été repris de façon à permettre à cette distinction de subsister. En outre, le projet de réforme de la responsabilité civile présenté en mars 2017 a définitivement mis à mal cette distinction en soumettant aux règles de la responsabilité extracontractuelle la réparation des préjudices résultant d'un dommage corporel, même lorsqu'ils ont été causés à l'occasion de l'exécution d'un contrat.

■ Les conditions de l'octroi de dommages-intérêts

La mise en œuvre de la responsabilité contractuelle nécessite l'existence d'un dommage, d'une faute et d'un lien de causalité entre ces deux éléments. Les dommages-intérêts ne sont dus qu'en cas d'***inexécution*** ou de retard dans l'exécution, sauf en cas de force majeure (art. 1231-1). La force majeure provoque la résolution du contrat et interdit toute réclamation de dommages-intérêts de la part du créancier au débiteur.

La mise en œuvre de la responsabilité contractuelle nécessite la ***mise en demeure*** préalable du débiteur, à qui doit être laissé un délai raisonnable pour s'exécuter, sauf lorsque l'inexécution est définitive (art. 1231). La résolution est alors de plein droit.

■ Le montant des dommages-intérêts

a) Les principes généraux

« Les dommages et intérêts dus au créancier sont, en général, de la ***perte qu'il a faite*** et du ***gain dont il a été privé***, sauf les exceptions et modifications ci-après » (art. 1231-2). Les dommages-intérêts ont pour objet de réparer le préjudice découlant de la faute contractuelle ; ils ne peuvent être octroyés en raison de la seule inexécution.

La réparation est limitée aux ***dommages prévus ou prévisibles*** au moment de la conclusion du contrat, « sauf lorsque l'inexécution est due à une faute lourde ou dolosive » (art. 1231-3). En cas de ***dol ou de faute lourde du débiteur***, « les dommages et intérêts ne comprennent que ce qui est une suite immédiate et directe de l'inexécution » (art. 1231-4).

Il n'est pas imposé au créancier d'obligation de ***minimiser son dommage***.

b) L'influence de la clause pénale

« Lorsque le contrat stipule que celui qui manquera de l'exécuter paiera une certaine somme à titre de dommages et intérêts, il ne peut être alloué à l'autre partie une somme plus forte, ni moindre » (art. 1231-5, al. 1er).

La clause pénale ne peut être mise en œuvre qu'après ***mise en demeure*** du débiteur, sauf lorsque l'inexécution est définitive (art. 1231-5, al. 5).

Le juge a la possibilité de modifier une clause à la hausse ou à la baisse si elle est manifestement excessive ou dérisoire et de diminuer son montant en cas d'exécution partielle de l'engagement (art. 1231-5, al. 2 et 3).

PARTIE 2

La responsabilité civile

La responsabilité civile est le mécanisme juridique par lequel la victime d'un dommage peut en obtenir réparation de la part de la personne qui l'a causé. Il s'agit d'un fait juridique, source d'obligations : le responsable du dommage est tenu d'une obligation de réparation qui prend généralement la forme de dommages-intérêts.

La mise en œuvre de la responsabilité civile exige la réunion de trois conditions : l'existence d'un fait générateur, celle d'un dommage et celle d'un lien de causalité entre le fait générateur et le préjudice.

La responsabilité civile a fait l'objet d'un avant-projet de loi sur lequel une consultation a été lancée par la Chancellerie le 29 avril 2016, puis d'un projet de réforme présenté le 13 mars 2017. Cependant, aucun projet de loi n'a été déposé devant le Parlement.

Chapitre 13

Le dommage et le lien de causalité

Le dommage et le lien de causalité sont les deux premières conditions de la mise en œuvre d'une responsabilité civile.

1 Le dommage

Le dommage est caractérisé lorsqu'une personne est atteinte dans ses intérêts. Le dommage peut être distingué de sa conséquence, qui est le préjudice.

■ *Les caractères du dommage réparable*

Le préjudice permet de mesurer la responsabilité. Le préjudice doit être direct, personnel et certain.

a) L'atteinte à un intérêt légitime

Le dommage ne doit pas forcément avoir porté atteinte à un **intérêt juridiquement protégé** : l'absence d'atteinte à un droit n'exclut pas la réparation du dommage. Dans un arrêt de la Chambre mixte, la Cour de cassation a décidé le 27 février 1970 (arrêt *Dangereux*) que la ***lésion de n'importe quel intérêt*** suffit à constituer le dommage : « l'auteur de tout fait ayant causé un dommage à autrui [...] de le réparer, n'exige pas, en cas de décès, l'existence d'un lien de droit entre le défunt et le demandeur en indemnisation ». Ainsi, la victime par ricochet peut être la concubine de la victime directe, les personnes n'ont pas à être liées par un lien juridique tel que le mariage.

Le dommage doit être licite. La naissance ne peut constituer un préjudice (*Cass. ass. plén., 7 nov. 2000, n° 99-13701, Perruche ;* CASF, art. L. 114-5).

b) Le caractère certain du dommage

Le préjudice doit être certain. Lorsqu'il est actuel, le préjudice est certain et par conséquent réparable.

Le dommage ***futur*** est celui qui n'est pas encore survenu au moment où le juge statue. Le dommage ***incertain*** est celui dont l'existence ne peut être établie avec suffisamment de certitude. Le dommage futur ne peut donner lieu à réparation que lorsque sa survenance future est certaine, c'est-à-dire pas seulement éventuelle (*Cass. crim., 1er juin 1932*).

Le ***dommage éventuel***, qui n'est pas certain, ne peut donner lieu à réparation.

La jurisprudence admet également la réparation d'une ***perte de chance*** : « La perte de chance présente un caractère direct et certain chaque fois qu'est constatée la disparition d'une éventualité favorable ». Dans ce cas, l'indemnité n'est pas égale au gain espéré mais à une partie de celui-ci plus ou moins importante selon la probabilité du succès.

c) Le caractère personnel du dommage

Le préjudice réparable doit être personnel à celui qui l'invoque ; il doit en souffrir directement. Toutefois, le dommage par ricochet est parfois réparable ainsi que le préjudice collectif.

1) Le dommage par ricochet

Le dommage par ricochet est le préjudice que subit une personne du fait d'une atteinte déjà subie par une autre personne.

Le droit à réparation du préjudice par ricochet a été admis par la jurisprudence dès la fin du XIXe siècle. La jurisprudence a peu à peu ***abandonné l'exigence d'un lien de parenté ou d'alliance*** entre la victime et le demandeur ainsi que celle du décès de la victime (v. *supra*, p. 97).

2) Le dommage collectif

Le dommage collectif est celui qui affecte une ***collectivité***, c'est-à-dire toute une catégorie de personnes.

Les particuliers peuvent se grouper en ***association*** pour faire valoir leurs droits. Plusieurs lois successives sont allées dans le sens d'un élargissement des possibilités d'actions de groupe (L. 17 mars 2014 sur la consommation ; L. 18 janv. 1992 ; L. 18 nov. 2016 de modernisation de la justice du XXIe siècle). Lorsque le dommage collectif est différent de la somme de dommages individuels, l'action du groupement a été acceptée tout d'abord pour les syndicats pour tous les faits « portant un préjudice direct ou indirect à l'intérêt collectif de la profession », puis pour les ordres professionnels (médecins, avocats, etc.) et enfin pour certaines associations en cas d'infraction spécifique (associations de lutte contre le racisme, de lutte contre les violences sexuelles...). En l'absence de texte, l'action est généralement refusée aux associations.

3) Le dommage écologique ou environnemental

Dans la célèbre affaire de l'***Erika,*** du nom du navire dont le naufrage provoqua une pollution au fioul lourd des côtes françaises, la Cour de cassation a défini en 2012 le préjudice écologique comme « l'atteinte directe ou indirecte portée à l'environnement et découlant de l'infraction » (*Cass. crim., 25 sept. 2012, n° 10-82938*). Le préjudice écologique ***se distingue du dommage collectif*** qui est celui qui affecte une collectivité, c'est-à-dire toute une catégorie de personnes, en ce qu'il lèse la communauté dans son ensemble en affectant directement l'environnement envisagé comme un patrimoine commun. Il constitue un préjudice autonome. La ***loi n° 2016-1087 du 8 août 2016*** a défini le préjudice écologique comme celui « consistant en une atteinte non négligeable aux éléments ou aux fonctions des écosystèmes ou aux bénéfices collectifs tirés par l'homme de l'environnement » (C. civ., art. 1246).

■ La nature du dommage

Le ***dommage matériel*** peut être défini comme toute atteinte au patrimoine. Il peut s'agir d'une perte subie ou d'un gain manqué.

Le ***dommage moral*** est celui qui ne porte pas atteinte au patrimoine : atteinte à l'honneur, atteinte à la vie privée, « souffrances ***endurées*** » (anciennement « *pretium doloris* » ou prix de la douleur), préjudice d'affection, d'agrément, d'anxiété, déficit fonctionnel, etc.

Le ***dommage corporel*** répare l'atteinte à l'intégrité physique ou morale de la personne mais également les conséquences de cette atteinte sur son patrimoine en raison des frais qu'entraîne cette atteinte. On y retrouve des éléments relevant aussi bien du préjudice physique que du préjudice moral. La « ***nomenclature Dintilhac*** », désormais reprise par la jurisprudence, propose une nomenclature des préjudices corporels, très utilisée en pratique.

2 Le lien de causalité

La responsabilité civile ne peut être mise en œuvre en l'absence de preuve d'un rapport de causalité. entre le fait générateur de responsabilité imputable au défendeur et le dommage subi par la victime demandeur.

La définition de la causalité

Ni le Code civil ni les différents projets et propositions de réforme ne définissent le lien de la causalité, qui permet de rattacher le préjudice à un événement. L'appréciation de la causalité consiste à rechercher, lorsque s'enchaîne une série d'événements, lesquels peuvent être considérés comme cause du dommage.

Les théories relatives à la causalité

Il existe deux grandes théories relatives à la causalité :

– ***théorie de l'équivalence des conditions*** : tous les faits de nature à engendrer le dommage sont considérés comme causes du dommage, de manière équivalente et sans hiérarchie ;
– ***théorie de la causalité adéquate*** : parmi les faits ayant précédé le dommage, seuls seront considérés comme causes du dommage ceux qui, d'après le cours normal des choses, étaient de nature à engendrer le dommage, c'est-à-dire ceux qui ont contribué à sa réalisation.

La ***jurisprudence*** a rejeté la théorie de l'équivalence des conditions au profit de la ***théorie de la causalité adéquate.*** Certaines décisions récentes montrent toutefois une avancée de la théorie de l'équivalence des conditions.

La mise en œuvre de la causalité

La preuve de la causalité est ***exigée*** dans tous les cas de responsabilité civile proprement dite, sauf dans le cadre de la loi du 5 juillet 1985 sur les accidents de la circulation.

Le lien de causalité doit en principe être prouvé par le demandeur. S'agissant d'un fait juridique, la preuve se fait en principe par ***tout moyen***.

Dans certains cas, les tribunaux se fondent sur des ***présomptions de causalité*** pour établir la réalité du lien de causalité. Le demandeur est exonéré de preuve. Par exemple, dans la responsabilité du fait des choses, l'intervention de la chose est présumée être la cause du dommage. Le gardien peut s'exonérer en prouvant qu'il y a cause étrangère. En matière d'***infection nosocomiale***, la Cour de cassation a recours à la notion de causalité alternative. La charge de la preuve est donc inversée en faveur des victimes puisqu'« il appartient alors à chacun de ceux dont la responsabilité est recherchée d'établir qu'il n'est pas à l'origine de cette infection » (*Cass. 1re civ., 17 juin 2010, n° 09-67011*).

La ***force majeure***, le fait d'un tiers ou la faute de la victime peuvent exclure partiellement ou complètement la responsabilité.

Les caractères de la force majeure sont ***ceux qui ont été décrits en matière de responsabilité contractuelle*** : imprévisibilité, irrésistibilité, extériorité (v. Chapitre 12).

	Exonération totale de responsabilité	Exonération partielle de responsabilité
Force majeure	Lorsque la force majeure est la cause unique du dommage, sauf en matière d'accidents de la circulation.	Lorsque le dommage est dû partiellement à la force majeure et partiellement à la faute de l'auteur.
Fait d'un tiers	Lorsque le fait du tiers présente les caractères de la force majeure.	Lorsque le fait du tiers ne présente pas les caractères de la force majeure.
Faute de la victime	Lorsque la faute de la victime présente les caractères de la force majeure.	Lorsque la victime est seulement pour partie à l'origine de son préjudice.

Chapitre 14

Le fait générateur de la responsabilité civile

Le fait générateur de responsabilité peut être le fait personnel, le fait des choses ou le fait d'autrui. Outre ces régimes généraux de responsabilité, il existe des régimes spéciaux de responsabilité.

1 La responsabilité du fait personnel

Le fait personnel qui permet d'engager la responsabilité d'un individu est toujours une ***faute*** (art. 1240 et 1241). Il s'agit d'une responsabilité subjective. Dans une conception traditionnelle, la faute civile se décomposait en deux éléments : d'une part, un élément objectif ou matériel et, d'autre part, un élément subjectif ou psychologique. Le deuxième a été abandonné.

■ *La nécessité de l'élément objectif*

a) La notion de faute

L'existence d'un comportement, qualifié de fautif, est exigée pour engager la responsabilité : « Tout fait quelconque de l'homme, qui cause à autrui un dommage, oblige celui par la faute duquel il est arrivé, à le réparer » (art. 1240). En outre, « Chacun est responsable du dommage qu'il a causé non seulement par son fait, mais encore par sa négligence ou par son imprudence. » (art. 1241).

Le Code civil ***ne définit pas la faute***. Pour certains auteurs, la faute résiderait dans la violation d'une obligation préexistante (Planiol). Pour d'autres, il s'agit d'un acte illicite, contraire au droit. La jurisprudence considère comme fautifs tous les comportements qui lui paraissent anormaux : imprudence, négligence, et même simple maladresse. Dès lors, la faute consisterait dans l'***erreur de conduite***.

L'appréciation de la faute se fait ***in abstracto***: les tribunaux comparent le comportement de l'intéressé non pas à son propre comportement habituel mais au comportement d'une personne moyenne normalement avisée. L'appréciation de la faute ne se fait qu'en partie *in abstracto*: les circonstances qui sont propres à l'intéressé sont écartées des termes de la comparaison. Les méthodes d'appréciation conduisent à écarter la faute dans des cas où il y a apparemment erreur de conduite.

La faute peut disparaître, en totalité ou en partie, dans certains cas, notamment en cas de ***faits justificatifs***: ordre de la loi, commandement de l'autorité légitime, état de nécessité ou légitime défense. La ***force majeure***, le ***fait d'un tiers*** ou le ***fait de la victime*** peuvent également atténuer ou faire disparaître la faute.

b) La diversité des fautes

La jurisprudence retient une grande quantité de faute, quel que soit leur objet ou leur gravité.

1) Diversité et objet de la faute

La jurisprudence considère comme fautifs tous les comportements qui lui paraissent anormaux: imprudence, négligence et même simple maladresse. La faute consisterait dans l'erreur de conduite.

La faute peut consister en un comportement actif (faute de commission) ou passif: la jurisprudence ne fait pas de différence entre ***faute de commission***, c'est-à-dire la faute active, pour l'accomplissement de laquelle l'intéressé fait ce qu'il ne doit pas faire, et la ***faute d'abstention*** qui consiste à ne pas faire ce que l'on devrait faire. Ainsi, elle a reconnu la responsabilité d'un laboratoire pharmaceutique qui avait manqué à son obligation de vigilance et avait ainsi commis une faute « en ne surveillant pas l'efficacité de produits litigieux, et ce, nonobstant les avertissements continus de la littérature médico-scientifique notamment en 1939 et en 1962-1963 » (affaire du « *Distilbène* »).

A priori, quand une personne exerce ses droits, l'idée qu'elle pourrait commettre une faute paraît exclue. La jurisprudence sanctionne néanmoins l'***abus de droit*** qui, selon elle, peut être constitutif d'une faute. Les troubles de voisinage ont un temps constitué une application de la théorie de l'abus de droit avant de devenir une théorie totalement autonome. Le dommage anormal est le seul à devoir être réparé, même s'il est commis sans faute: il s'agit d'une responsabilité objective. Le dommage doit avoir un caractère continu ou répétitif; il ne doit pas s'agir d'un trouble accidentel ou instantané. La réparation du trouble de voisinage incombe à l'auteur du trouble.

2) Diversité et gravité des fautes

En ***principe***, en matière de responsabilité du fait personnel, aucune distinction n'est faite selon la gravité de la faute : la faute la plus grave n'est pas exigée pour pouvoir engager la responsabilité et n'a pas d'effet particulier. Selon l'article 1241 du Code civil, « chacun est responsable du dommage qu'il a causé non seulement par son fait, mais encore par sa négligence ou par son imprudence » : peu importe la gravité de la faute.

Par ***exception***, certains types de fautes engendrent des effets particuliers :

- la ***faute inexcusable*** est spécifiquement prise en compte notamment dans le cadre de la loi du 5 juillet 1985 ;
- la ***faute intentionnelle*** (acte volontaire accompli avec l'intention ou du moins la certitude de causer un dommage) n'est pas prise en charge par l'assurance de responsabilité (C. assur., art. L. 113-1, al. 2) ;
- la ***faute caractérisée***, c'est-à-dire d'une gravité certaine, a été prise en compte dans certains textes, et est parfois invoquée par la jurisprudence.

■ *L'abandon de l'élément psychologique de la faute*

Dans la conception classique, la faute impliquerait la faculté de discernement, c'est-à-dire l'aptitude à apprécier la portée de ses actes. En l'absence de discernement, le comportement, même objectivement anormal, ne pouvait pas être considéré comme fautif. Cette exigence d'***imputabilité du comportement*** a servi pendant longtemps à justifier l'irresponsabilité des personnes privées de discernement. Ce principe a finalement été abandonné en deux temps : l'exigence d'imputabilité du comportement pour les personnes victimes de troubles mentaux, c'est-à-dire d'élément psychologique, ayant été écartée par la loi du 3 janvier 1968, l'article 414-3 du Code civil prévoit que « celui qui a causé un dommage à autrui alors qu'il était sous l'empire d'un trouble mental n'en est pas moins obligé à réparation ». Ensuite, dans 5 arrêts du 9 mai 1984, la Cour de cassation a écarté la question du ***discernement*** en matière de responsabilité d'un mineur : l'enfant peut commettre une faute sans qu'il soit nécessaire de se demander s'il est doué de discernement. Ces arrêts consacrent une conception objective de la faute : ***la faute est un comportement objectivement anormal***.

2 La responsabilité du fait d'autrui

La responsabilité du fait d'autrui est favorable aux victimes car elle leur fournit un second responsable qui est généralement plus solvable que l'auteur direct du dommage.

Pendant longtemps, la jurisprudence a jugé qu'en matière de responsabilité du fait d'autrui, contrairement à la responsabilité du fait des choses, l'article 1384, alinéa 1er ne semblait pas poser de ***principe général de responsabilité du fait d'autrui***. Cependant, l'arrêt *Bliek*, rendu par l'Assemblée plénière de la Cour de cassation le 29 mars 1991 (*n° 89-15231*) a semblé revenir sur ce point. La Cour de cassation a décidé qu'était responsable de plein droit l'association gérant un centre d'accueil de handicapés mentaux, lorsque l'un d'eux allume un incendie, dès lors qu'elle avait accepté la charge d'***organiser et*** de ***contrôler, à titre permanent, le mode de vie*** de ces handicapés. La jurisprudence admet ainsi l'existence d'une responsabilité du fait d'autrui en dehors des régimes spéciaux prévus par le Code civil. Pour s'exonérer de sa responsabilité, cette association (sportive par exemple) ou ce service doit démontrer qu'il n'a commis aucune faute.

■ *La responsabilité du commettant du fait de son préposé*

« Les maîtres et commettants [sont responsables], du dommage causé par leurs domestiques et préposés dans les fonctions auxquelles ils les ont employés » (art. 1242, al. 5).

a) Les conditions de la responsabilité

1) Le lien de préposition

La mise en œuvre de la responsabilité du commettant nécessite l'existence d'une relation entre commettant et préposé c'est-à-dire un lien de ***subordination*** entre eux, qui est caractérisé dès lors que le commettant a « le droit de donner au préposé des ordres ou des instructions sur la manière de remplir les fonctions auxquelles il est employé ». La responsabilité du fait d'autrui est exclue lorsque l'activité est exercée à titre indépendant.

2) Le fait du préposé

Le préposé doit avoir commis un fait dommageable de nature à engager sa responsabilité. Cette condition se dédouble :

- une ***faute*** doit avoir été commise par le préposé. Les qualités de gardien d'une chose et de préposé sont incompatibles ;
- il doit exister un lien entre l'acte dommageable commis par le préposé et ses fonctions : l'***abus de fonction*** a donné lieu à une jurisprudence abondante et variable. Désormais, on considère que « les dispositions de l'article 1384, al. 5 du Code civil ne s'appliquent pas au commettant en cas de dommage causé par le préposé qui, agissant sans autorisation à des fins étrangères à ses attributions, s'est placé hors des fonctions auxquelles il est employé » (*Cass. ass. plén., 17 juin 1983, n° 82-91632*). Ces trois conditions sont imposées cumulativement (*Cass. ass. plén., 19 mai 1988, n° 87-82654*) : « Le commettant ne s'exonère de sa responsabilité

que si son préposé a agi hors des fonctions auxquelles il était employé, sans autorisation et à des fins étrangères à ses attributions. »

b) Les effets de la responsabilité du commettant

Pendant longtemps, la victime a disposé d'une ***action contre le préposé et contre le commettant***, tenus responsables *in solidum*. La victime pouvait choisir de demander la réparation intégrale à l'un ou l'autre ou aux deux. Lorsqu'il était condamné à indemniser la victime, le commettant avait ensuite une action récursoire contre le préposé. Cette action était rarement exercée en pratique. En effet, le plus souvent, l'assureur du commettant indemnisait la victime et l'action récursoire lui était refusée en l'absence de faute intentionnelle du préposé. Peu à peu, cette jurisprudence a évolué.

Le commettant ne peut désormais s'exonérer en prouvant qu'il n'a lui-même commis aucune faute, ou en établissant que l'acte du préposé constituait à son égard un cas de force majeure.

Cass. ass. plén., 25 févr. 2000, *Costedoat*	« N'engage pas sa responsabilité à l'égard des tiers le préposé qui agit sans excéder les limites de la mission qui lui a été impartie par son commettant ».
Cass. ass. plén., 14 déc. 2001, *Cousin*	- « Le préposé condamné pour avoir intentionnellement commis, fût-ce sur l'ordre du commettant, une infraction ayant porté préjudice au tiers, engage sa responsabilité civile à l'égard de celui-ci ». - Rend possible un recours contre un préposé qui a commis une faute intentionnelle pour laquelle il a été pénalement condamné.
Cass. 1re civ., 12 juill. 2007, n° 06-12624 et 06-13790	- « L'immunité dictée par l'article L. 121-12, alinéa 3 du Code des assurances ne bénéficie qu'aux personnes visées et ne fait pas obstacle à l'exercice par l'assureur qui a indemnisé la victime de son recours subrogatoire contre l'assureur de responsabilité de l'une de ces personnes ». - L'immunité dont bénéficie le préposé ne doit pas être considérée comme une irresponsabilité mais comme un obstacle à l'action de la victime contre le préposé. Ainsi, l'action subrogatoire exercée contre l'assureur du préposé reste possible.
Cass. 2e civ., 21 févr. 2008, n° 06-21182	La Cour de cassation précise les limites de l'immunité personnelle du préposé : cette immunité s'applique au préposé qui agit sans excéder les limites de la mission qui lui est impartie et « hors les cas où le préjudice de la victime résulte d'une infraction pénale ou d'une faute intentionnelle ».

La responsabilité des parents du fait de leur enfant

a) Les conditions de la responsabilité

La responsabilité des parents peut être engagée du fait de leurs enfants à trois conditions :

- ***l'exercice de l'autorité parentale sur un enfant mineur*** : la responsabilité est la contrepartie de l'autorité parentale. La majorité et l'émancipation font cesser la responsabilité des parents du fait de leur enfant ;
- ***un fait dommageable de la part de l'enfant*** : l'enfant doit avoir commis un fait dommageable qui ne doit pas obligatoirement être fautif (*Cass. ass. plén., 9 mai 1984, n° 78-16612*) ;
- ***l'enfant et ses parents doivent cohabiter*** : la question qui se pose régulièrement à la jurisprudence est celle de savoir si les parents demeurent responsables du fait de leur enfant lorsque celui-ci se trouve hors du domicile parental et donc pas physiquement chez eux. La condition de cohabitation semble progressivement s'effacer, la jurisprudence considérant cette condition remplie dans des circonstances où elle ne l'est pas réellement, par exemple lorsque l'enfant est en internat ou chez ses grands-parents. La responsabilité du parent ne reposant pas sur la faute, la condition de cohabitation devient superflue.

b) L'exonération des parents

La jurisprudence s'est longtemps montrée sévère à l'égard du parent, estimant que l'article 1384, alinéa 4 du Code civil posait une présomption de faute du parent dès lors que les conditions d'application étaient réunies. Depuis un arrêt ***Bertrand*** du 19 février 1997, la jurisprudence a décidé que l'article 1242, alinéa 4 pose un principe de ***présomption de responsabilité des parents***. La jurisprudence a ensuite à plusieurs reprises confirmé sa volonté de voir les causes exonératoires de la responsabilité des parents limitées : pour s'exonérer, ils doivent apporter la preuve d'un cas de force majeure ou d'une faute de la victime. En outre, pour être exonératoire, la faute de la victime doit avoir les caractères de la force majeure. Les caractères de la force majeure doivent s'apprécier à l'égard du responsable du dommage (et non de l'auteur de celui-ci). La responsabilité des parents du fait des enfants apparaît désormais comme une ***garantie des dommages causés par l'enfant***.

Les parents sont ***responsables solidairement***.

La responsabilité des instituteurs du fait de leur élève

Lorsqu'un élève cause un dommage, la responsabilité de l'État est substituée à celle de l'instituteur (art. 1242, al. 8). La faute prise en compte varie surtout suivant l'âge de l'enfant et plus généralement suivant les circonstances. La jurisprudence a une conception large de la faute entraînant la responsabilité de l'État substituée à celle de l'enseignant.

■ *La responsabilité des artisans du fait de leurs apprentis*

La responsabilité des artisans du fait de leurs apprentis (art. 1242, al. 6) suppose la réunion des ***trois conditions suivantes*** : l'artisan doit dispenser une formation professionnelle à l'apprenti, ce dernier doit loger chez l'artisan et doit avoir commis un fait dommageable. Si les conditions sont réunies, la responsabilité de l'artisan se substitue à celle de l'apprenti.

3 La responsabilité du fait des choses

« On est responsable non seulement du dommage que l'on cause par son propre fait, mais encore de celui qui est causé par le fait des personnes dont on doit répondre, ou des choses que l'on a sous sa garde » (art. 1242, al. 1er). On considérait à l'époque du Code civil que cette phrase ne faisait qu'annoncer les deux régimes spéciaux de responsabilité du fait des choses, c'est-à-dire la responsabilité du fait des animaux (art. 1243) et la responsabilité du fait de la ruine des bâtiments (art. 1244). Sous l'impulsion de la doctrine, la jurisprudence a accepté de faire de l'alinéa premier un principe général de responsabilité du fait des choses. La jurisprudence admet ainsi l'existence d'une responsabilité des choses en dehors des régimes spéciaux prévus par le Code civil.

■ *Le régime général*

a) Le domaine de la responsabilité du fait des choses

1) Quant aux choses

En principe, la responsabilité du fait des choses fonctionne pour ***toutes les choses***. Seules sont exclues celles qui relèvent d'un régime spécial. Ainsi, on ne distingue pas selon la nature des choses, c'est-à-dire ni entre ***meubles et immeubles***, ni entre ***choses dangereuses et choses non dangereuses***, ni entre ***choses actionnées par la main de l'homme et choses dotées d'un dynamisme propre*** ou atteintes d'un vice propre ayant causé le dommage, ni entre ***choses en mouvement et choses immobiles***.

Seules les ***res nullius*** (choses sans maître) échappent à l'application de l'article 1242, alinéa 1er du Code civil ; par exemple, la neige tombée du ciel. Le ***corps humain*** n'est pas en principe considéré comme une chose sauf dans des cas très spécifiques.

2) Quant aux personnes

L'article 1242, alinéa 1er du Code civil peut être invoqué par le ***gardien de la chose*** qui a subi un dommage. Lorsqu'il y a plusieurs gardiens de la chose, l'un des gardiens victime ne peut pas invoquer ce texte pour mettre en jeu la responsabilité des autres.

b) Les conditions de la responsabilité

1) Le fait de la chose

Pour que la responsabilité soit engagée, le dommage doit être rattachable au fait d'une chose : la chose doit intervenir matériellement dans la production du dommage. Elle doit avoir été l'***instrument du dommage***. Pour autant, le contact entre la chose et la victime n'est pas indispensable.

La preuve du fait de la chose incombe à la victime sauf dans certains cas :

- ***lorsque la chose est en mouvement et est entrée en contact avec la victime*** : la chose est présumée être la cause du dommage ; la victime doit seulement prouver l'intervention de la chose ;
- ***lorsque la chose est en mouvement et n'est pas entrée en contact avec la victime ou si la chose était inerte*** : pendant longtemps, la victime a dû prouver l'intervention de la chose et son rôle actif. La Cour de cassation exige désormais que la victime démontre l'anormalité de la chose inerte pour pouvoir engager la responsabilité du gardien de la chose (*Cass. 2e civ., 24 févr. 2005, nos 03-18135 et 03-13536*).

2) La détermination du gardien de la chose

- Le régime général

Depuis un arrêt ***Franck*** des chambres réunies de 1941, il est admis que la garde découle d'un simple pouvoir de fait, défini comme un pouvoir d'usage, de direction et de contrôle de la chose. Ce pouvoir ne suppose pas le discernement chez le gardien.

La détention de la chose est transférée en même temps que la ***garde***. La garde est alternative et non cumulative : il n'y a en principe qu'un seul gardien. La qualité de gardien est incompatible avec celle de préposé. En revanche, une personne privée de discernement peut être gardienne de la chose objet du dommage.

- Les cas particuliers

Le dommage ne pouvant découler d'un comportement de la chose mais uniquement d'un vice de la structure interne de celle-ci, la doctrine a proposé de distinguer deux gardiens et de rendre responsable le gardien de la structure interne. Il s'agit de distinguer entre la ***garde de la structure*** et ***la garde du comportement***.

La jurisprudence a retenu cette théorie en 1956 : la SNCF transporte de l'***Oxygène liquide*** qui explose au cours du voyage. Le transporteur n'est pas responsable car l'explosion provient de la structure interne. Le propriétaire est donc responsable. Selon la jurisprudence, cette distinction est limitée aux choses ayant un dynamisme propre. Elle tombe peu à peu en désuétude.

Autre exception : deux ou plusieurs personnes peuvent être co-gardiennes d'une chose lorsqu'elles sont toutes dans une même situation par rapport à la chose. Elles peuvent alors être condamnées *in solidum*.

c) L'exonération du gardien

Le gardien ne peut pas s'exonérer en démontrant qu'il n'a pas commis de faute. Il est partiellement exonéré lorsque la ***faute de la victime*** a participé au dommage et il est totalement exonéré lorsque cette faute a été la cause exclusive du dommage c'est-à-dire lorsqu'elle revêt les caractères de la ***force majeure*** (*Cass. ch. réunies, 13 févr. 1930, Jand'heur*).

■ *Les régimes spéciaux de responsabilité*

Les régimes spéciaux de responsabilité peuvent être fondés sur la faute ou exister en l'absence de toute faute. Le plus important découle de la loi du 5 juillet 1985 sur les accidents de la circulation (v. Chapitre 15).

a) La responsabilité fondée sur la faute

En cas de ***communication d'incendie*** (art. 1242, al. 2), le gardien de la chose dans laquelle l'incendie a pris naissance n'est responsable que si la faute est démontrée. La responsabilité suppose la preuve d'un dommage causé par un incendie (dans la première chose) puis celle de la communication d'incendie. La jurisprudence a interprété restrictivement ce texte.

b) La responsabilité sans faute

Il existe trois hypothèses de responsabilité sans faute :

– ***la responsabilité du fait des animaux*** (art. 1243) fonctionne en général comme la responsabilité du fait des choses ;

– ***la responsabilité du fait de la ruine des bâtiments*** : sa mise en œuvre nécessite l'existence d'un bâtiment, que celui-ci soit en ruine (dégradation totale ou partielle) et que cette ruine soit due à un défaut d'entretien ou à un vice de construction (art. 1244). Le propriétaire est alors responsable de plein droit. Pour s'exonérer, il doit prouver une cause étrangère ;

– ***la responsabilité du fait des produits défectueux*** (art. 1245 à 1245-17) : elle est applicable lorsqu'un produit est affecté d'un défaut qui cause un dommage. Le produit est un bien meuble : il peut s'agir d'une matière première non transformée, transformée ou bien intégrée à une autre. Le responsable est le producteur du produit fini ou d'une composante de celui-ci. Il se distingue du fabricant. Peuvent également être responsables les personnes assimilées au producteur c'est-à-dire celui qui appose sa marque ou tout autre signe distinctif sur le produit, le vendeur, le loueur professionnel ou le fournisseur. La victime est le consommateur ou l'utilisateur professionnel du produit. Le produit est celui qui « n'offre pas la sécurité à laquelle on peut légalement s'attendre » (art. 1245-3). Le demandeur doit prouver le lien de causalité entre le défaut du produit et le dommage. La responsabilité du fait des produits défectueux est une responsabilité de plein droit (art. 1245-10). Les causes d'exonération sont diverses : par exemple, le défaut du produit n'existait pas au moment du dommage ou le produit n'était pas encore en circulation lors du dommage. Le délai de prescription est de 3 ans à compter de la connaissance du dommage par la victime.

Chapitre 15

L'indemnisation des victimes d'accidents de la circulation

La loi du 5 juillet 1985 vise à indemniser les victimes d'un accident de la circulation dans lequel est impliqué un véhicule terrestre à moteur.

1 L'accident de la circulation

La loi du 5 juillet 1985 s'applique aux véhicules terrestres à moteur impliqués dans un accident de la circulation, que la victime soit ou non transportée en vertu d'un contrat.

■ *Un véhicule terrestre à moteur*

Sont visés par l'article 1er de la loi du 5 juillet 1985 le véhicule terrestre à moteur (VTM) et ses remorques ou semi-remorques. En sont exclus les véhicules circulant sur des chemins de fer et les tramways circulant sur des voies qui leur sont propres. La conception adoptée par la jurisprudence est large.

■ *Un accident de la circulation*

a) Une voie de circulation

Il n'est pas nécessaire que l'accident se produise sur la ***voie publique*** : il peut s'agir d'une ***voie privée*** de desserte d'un ensemble immobilier, d'un champ ou même d'une piste de ski.

b) Un fait de circulation

La notion de circulation fait l'objet d'une interprétation extensive par la jurisprudence. La jurisprudence considère généralement que la loi de 1985 ne s'applique pas lorsque le dommage est causé par un véhicule occupé à une tâche particulière correspondant à une fonction spécifique qui n'a rien à voir avec sa fonction naturelle de déplacement.

Le stationnement d'une automobile sur la voie publique constitue un fait de circulation au sens de la loi de 1985. Il n'y a aucune distinction entre ***stationnement*** et arrêt, ni entre immobilité et mouvement du véhicule.

La Cour de cassation exclut toutefois l'application de la loi du 5 juillet 1985 entre concurrents d'une ***compétition sportive*** dans laquelle sont engagés des véhicules terrestres à moteur (*Cass. 2e civ., 28 févr. 1996, nos 93-17457*).

L'implication du véhicule dans l'accident

a) Les accidents simples

Les accidents simples sont des collisions entre deux véhicules, ou entre la victime et un véhicule, qui se réalisent en un ***trait de temps***.

1) Vis-à-vis des occupants du véhicule

L'implication est effective dès lors que l'accident survient entre la période qui sépare le moment où le passager est entré en contact avec le véhicule et celui où il a perdu tout contact avec lui. Peu importe si l'accident se produit en cours de circulation ou à l'arrêt.

Le véhicule est impliqué même si l'accident se produit au moment où la victime est en train de prendre place dans le véhicule ou d'en descendre.

L'implication peut découler d'un accident survenu à bord ou communiqué au véhicule alors même qu'il n'y a pas eu de choc avec un obstacle extérieur.

2) Vis-à-vis des tiers extérieurs au véhicule

Les tiers extérieurs au véhicule sont les piétons, cyclistes, conducteurs ou passagers d'autres véhicules.

L'implication est difficile à établir en cas de contact entre le tiers et le véhicule terrestre à moteur qui n'est pas en mouvement. Dans un premier temps, la jurisprudence a considéré que lorsque le véhicule était en ***stationnement***, l'implication était caractérisée lorsque la position du véhicule était de nature à perturber la circulation. Dans un second temps, elle a unifié le régime des véhicules à l'arrêt et des véhicules en stationnement : ***le contact avec le véhicule suffit à établir l'implication*** de celui-ci quelles que soient les circonstances.

La preuve de l'implication est également délicate en l'***absence de contact*** entre la victime et le véhicule terrestre à moteur. La jurisprudence admet que l'implication ne nécessite pas forcément un heurt ou un choc, mais exige que le véhicule ait joué un rôle dans l'accident, c'est-à-dire qu'il soit intervenu « à quelque titre que ce soit » (*Cass. 2e civ., 11 juill. 2002, n° 01-01666*).

La loi de 1985 ne s'applique pas à l'***accident causé par un piéton***. L'automobiliste agira contre le piéton sur la base du droit commun. Quant au piéton à l'origine de l'accident, il peut agir contre le conducteur sur le fondement de la loi de 1985.

b) Les accidents complexes

Constituent des accidents complexes, les carambolages, c'est-à-dire les collisions auxquels ont participé plusieurs voitures, ou les collisions successives ayant atteint la même victime :

- ***les carambolages*** : pendant longtemps, chaque collision a été traitée comme un accident distinct et l'implication des véhicules était appréciée par rapport à chacune de ces collisions. Peu à peu, la jurisprudence a admis qu'il y avait là un accident unique permettant à chaque victime de s'adresser à l'un quelconque des gardiens ou conducteurs du véhicule impliqué pour être indemnisée. Les collisions successives constituent un même accident dès lors qu'elles sont « intervenues dans un même laps de temps et dans un enchaînement continu » (*Cass. 2e civ., 17 juin 2010, n° 09-67338*) ;
- ***les chocs successifs atteignant la même victime*** : lorsqu'une victime est renversée par plusieurs véhicules successivement sans qu'il soit possible de savoir lequel a provoqué le décès, la Cour de cassation considère que l'implication du véhicule dans l'une des collisions emporte une présomption d'imputabilité du dommage final. Le conducteur du véhicule impliqué dans un accident ne peut se dégager de sa responsabilité que s'il établit que cet accident est sans relation avec le dommage. En l'absence de preuve, l'indemnisation pourra être demandée à l'un quelconque des conducteurs. Certains arrêts ont écarté cette présomption d'imputabilité ou ont réparti inégalement le poids final de l'indemnisation entre les différents conducteurs.

2 Le régime d'indemnisation

Le régime d'indemnisation des victimes d'accidents de la circulation impose des sorts différents à la victime conducteur et à la victime non-conducteur. La loi impose à l'assureur du véhicule ou au Fonds de garantie des assurances obligatoires de dommages de faire une offre d'indemnité à la victime dans les 8 mois à compter de l'accident.

■ *La victime conducteur*

La victime conducteur se voit appliquer des règles spécifiques.

a) La définition du conducteur

La loi du 5 juillet 1985 n'a pas défini la notion de conducteur, ce qui donne lieu à une jurisprudence parfois controversée. Le conducteur peut être défini comme la ***personne qui se trouvait aux commandes du véhicule à l'instant où l'accident a commencé à se produire*** (y compris le conducteur éjecté de son véhicule par l'accident, l'automobiliste au volant de sa voiture remorquée par un autre véhicule).

b) La situation du conducteur

Le conducteur se trouve dans une situation inférieure par rapport aux autres victimes de dommages corporels.

1) Les conséquences des fautes du conducteur

Pendant longtemps, la faute de la victime conducteur excluait toute réparation dès lors qu'elle était la seule faute établie à l'origine de l'accident, sans qu'il soit nécessaire de prouver qu'elle avait été imprévisible et irrésistible pour le défendeur. Peu à peu, la jurisprudence a admis que la faute de la victime conducteur ne pouvait limiter ou exclure son indemnisation du dommage en l'absence de preuve du lien causal entre celle-ci et le dommage. Ainsi, dans un arrêt rendu en Assemblée plénière le 6 avril 2007, la Cour de cassation a décidé que l'indemnisation des préjudices d'un conducteur ivre ne peut être réduite ou exclue s'il n'est pas démontré que l'état d'ivresse a joué un ***rôle causal*** dans la survenance de l'accident de la circulation.

2) L'indemnisation de la victime par ricochet

Le traitement de la victime par ricochet reste le reflet de celui de la victime directe : il n'y a donc pas lieu de s'interroger sur une éventuelle faute de la victime par ricochet. La ***faute de la victime*** directe est opposable à la victime par ricochet :

- si la victime directe est spécialement protégée, le préjudice de la victime par ricochet sera réparé en tenant compte de cet élément ;
- cas particulier de la victime par ricochet qui est également une victime directe de l'accident : dans le cas où la victime par ricochet est le conducteur lui-même, le principe de l'indemnisation intégrale du préjudice par ricochet doit être écarté dans le cas où il a commis une faute.

C'est à celui qui invoque contre la victime sa qualité de conducteur de la prouver.

■ *La victime non-conducteur*

a) Les atteintes à la personne

La victime non-conducteur ne perd son droit à indemnisation que dans des hypothèses limitées :

- lorsqu'elle a moins de 16 ans, plus de 70 ans ou un taux d'incapacité permanente ou d'invalidité supérieur ou égal à 80 %, dans la seule hypothèse où elle « a ***volontairement recherché le dommage*** qu'elle a subi » ;
- lorsqu'elle a entre 16 et 70 ans et n'est pas titulaire d'un titre lui reconnaissant un taux d'incapacité permanente supérieur ou égal à 80 %, et qu'elle a commis une « ***faute inexcusable*** si elle a été la cause exclusive de l'accident ». La faute inexcusable est « la faute volontaire d'une exceptionnelle gravité exposant sans raison valable son auteur à un danger dont il aurait dû avoir conscience ». Le conducteur est exonéré en cas de faute inexcusable de la victime seulement lorsque celle-ci présente les caractères de la force majeure.

b) Les atteintes aux biens

Pour l'indemnisation du préjudice subi sur ses biens, la victime peut se voir opposer sa ***faute***, ce qui aboutira à un partage des responsabilités ou à une exclusion totale de l'indemnisation.

Le conducteur du véhicule peut également lui opposer la ***force majeure*** ou le ***fait d'un tiers*** sauf pour les fournitures et appareils délivrés sur prescription médicale et dans les cas où le conducteur du véhicule n'en est pas le propriétaire.

■ *Le débiteur de l'indemnité*

En principe, l'indemnité pèse sur le ***conducteur*** du véhicule terrestre à moteur ou à défaut sur le gardien du véhicule.

Lorsque ***plusieurs véhicules sont impliqués***, les victimes non-conducteurs peuvent demander une indemnisation à tous les conducteurs et gardiens de véhicules impliqués dans l'accident qui sont tenus *in solidum*. Un conducteur ne peut alors exercer un recours contre un autre conducteur impliqué que sur le fondement des articles 1240 et 1346 à 1346-5 du Code civil.

La répartition définitive est fonction de l'importance des fautes de chacun des coauteurs. Si les causes de l'accident sont inconnues, la contribution se répartit par parts viriles (= parts égales).

Chapitre 16

La mise en œuvre de la responsabilité civile

La mise en œuvre de la responsabilité civile vise à la réparation intégrale du dommage. Elle nécessite parfois un procès en responsabilité. Les intéressés peuvent toutefois s'accorder au cours d'une procédure amiable.

Le droit à réparation existe dès que la victime subit le dommage. Le jugement est déclaratif, c'est-à-dire qu'il ne fait que constater ce droit.

1 L'action en responsabilité

Le procès en responsabilité a pour objet de transformer l'obligation à réparation résultant du dommage en une dette consistant en des dommages-intérêts.

■ *Les parties à l'action*

a) Le défendeur à l'action

En principe, le défendeur à l'action en responsabilité est la ***personne civilement responsable*** du dommage c'est-à-dire l'auteur même du dommage (responsabilité du fait personnel) ou le responsable du fait d'autrui (responsabilité du fait d'autrui) ou le gardien de la chose (responsabilité du fait des choses). S'il est décédé, l'action sera conduite contre ses héritiers ou son cessionnaire.

Lorsque plusieurs personnes sont civilement responsables de plusieurs défendeurs, elles sont ***co-responsables in solidum***. Souvent, une action est dirigée en même temps contre l'assureur ou un fonds de garantie et/ou l'État.

b) Le demandeur à l'action

Le demandeur à l'action est en principe la victime.

1) La victime

Deux catégories de victimes peuvent être distinguées :

- ***la victime immédiate ou directe*** : la personne qui subit directement le dommage est en principe celle qui exerce l'action en responsabilité. La jurisprudence assimile les héritiers à la victime directe ;
- ***les victimes par ricochet*** (v. Chapitre 12) : ce sont le plus souvent les proches de la victime immédiate. S'agissant des victimes par ricochet, la Cour de cassation a admis l'opposabilité de la faute de la victime immédiate à la victime par ricochet. En revanche, elle considère que les clauses exclusives de responsabilité ne peuvent être opposées à la victime par ricochet car celle-ci agit comme tiers au contrat (terrain délictuel). Les proches de la victime, qu'ils aient ou non un lien juridique avec elle, peuvent exercer une action en réparation dès lors qu'ils justifient d'un préjudice matériel ou moral personnel, que la victime soit ou non décédée.

2) L'action des personnes autres que la victime

Lorsque la victime a été indemnisée par le ***tiers payeur***, celui-ci est subrogé dans les droits de la victime. En pratique, il s'agit de l'assureur. Il peut alors exercer l'action de la victime contre la personne civilement responsable.

Les ***créanciers*** de la victime peuvent exercer une action oblique.

■ *L'exercice de l'action*

a) Les règles propres à l'action en responsabilité civile

1) Le fondement de l'action

Le principe dit du « ***non-cumul des deux ordres de responsabilité*** » s'impose aux demandeurs (*Cass. 1re civ., 28 juin 2012, n° 10-28492*). La victime de l'inexécution d'un contrat est obligée de situer son action sur le terrain contractuel.

Lorsque le dommage résulte à la fois par exemple de la faute du défendeur et de la personne dont elle a la garde, la victime peut invoquer indifféremment l'un des deux fondements ou les deux. Les responsables sont tenus *in solidum*. La victime peut demander à n'importe lequel d'entre eux la réparation de la totalité de son préjudice.

2) Les règles de procédure

La juridiction compétente est le tribunal judiciaire du domicile du défendeur ou du lieu où s'est produit le fait dommageable ou du lieu où le dommage est subi qui est compétent.

S'agissant d'un fait juridique, la preuve est libre. Elle pèse toujours sur le demandeur.

L'action en responsabilité délictuelle se prescrit par 5 ans ou 10 ans en cas de dommage corporel.

b) L'incidence de la responsabilité pénale

Une ***infraction*** peut être à l'origine d'un dommage : il existe alors deux sortes d'actions possibles. L'action peut être pénale sur le terrain répressif ou civil en indemnisation.

1) Le choix entre la voie pénale et la voie civile

La possibilité de l'action devant les ***juridictions pénales*** est prévue par l'article 3 du Code de procédure pénale. Elle est avantageuse pour la victime car elle est facilitée sur le terrain de la preuve (apportée par l'autorité publique).

L'existence de l'infraction doit être reconnue, mais la juridiction pénale peut statuer au civil après acquittement ou relaxe, à condition qu'existe un dommage découlant directement de l'infraction. Par conséquent, le préjudice moral par ricochet n'est pas admis devant la juridiction pénale.

L'action civile devant les juridictions pénales est refusée aux créanciers et aux assureurs.

La constitution de partie civile déclenche l'instance. Si la victime se porte devant la juridiction civile, elle ne peut revenir sur son choix pour aller devant les juridictions pénales (art. 5).

2) L'influence du criminel sur le civil

La solidarité des prescriptions civiles et pénales n'existe plus depuis 1980. Deux principes s'imposent :

- ***l'obligation du juge civil de surseoir à statuer*** : il est sursis au jugement de l'action exercée devant la juridiction civile tant qu'il n'a pas été prononcé définitivement sur l'action publique lorsque celle-ci a été mise en mouvement (CPP, art. 4) ;
- ***l'autorité de la chose jugée au criminel sur le civil*** : lorsque le juge pénal a prononcé une condamnation, le juge civil doit accorder des dommages-intérêts à la victime :
  - si une ***relaxe*** a été prononcée par le tribunal de police ou le tribunal correctionnel, le prévenu ne peut normalement pas être condamné au civil, mais si la relaxe est motivée par l'absence d'intention, le juge civil peut condamner l'intéressé à des dommages-intérêts sur le fondement d'une faute civile d'imprudence ou d'une négligence génératrice de responsabilité civile,

- si la Cour d'assises ***acquitte*** l'accusé, il sera toujours possible au juge civil de prononcer des dommages-intérêts si cet acquittement résulte d'une réponse négative sur la question générale de la culpabilité. Par conséquent, la condamnation à des dommages-intérêts ne pourra être fondée sur la faute pénale, mais sur une faute civile ou le non-respect d'une obligation légale.

2 La forme de la réparation

En principe, la réparation se fait ***en nature*** par le rétablissement des choses dans leur état antérieur. Lorsque cela n'est pas possible (préjudice insusceptible de compensation, impossibilité d'obliger l'intéressé à s'exécuter par exemple), on opère une réparation ***par équivalent*** c'est-à-dire pécuniaire, par l'allocation de dommages-intérêts prenant la forme d'un capital ou d'une rente. Dans tous les cas, la réparation doit être intégrale.

■ *Le contenu du principe de réparation intégrale*

Le montant de la réparation est ***indépendant de la gravité de la faute*** ; il dépend du seul préjudice. En effet, la mise en œuvre de la responsabilité civile a pour objectif la réparation de la victime et non pas la sanction du fautif.

■ *La mise en œuvre du principe de réparation intégrale*

a) L'évaluation du préjudice

Les juges du fond ont un pouvoir souverain d'appréciation dans l'évaluation du dommage.

Le préjudice est évalué ***au jour du jugement***. À compter de ce jour, les intérêts (au taux légal) commencent à courir.

L'***amélioration*** du sort de la victime postérieurement au jugement n'amène pas de diminution de l'indemnité qui lui a été allouée. Lorsque son état s'aggrave, l'indemnité n'est pas non plus augmentée mais il est possible à la victime d'exercer une nouvelle action faisant état d'éléments nouveaux d'aggravation.

Lorsque l'indemnité est allouée sous forme de ***rente***, celle-ci peut être ***indexée***.

En application du principe de réparation intégrale, la jurisprudence s'oppose à l'***obligation pour la victime de minimiser son dommage***, estimant que la victime peut refuser les soins, notamment une intervention chirurgicale, qui aurait pour effet de réduire ou de faire disparaître le dommage sans que la réparation de son préjudice subisse une atteinte, que les soins soient pénibles ou aléatoires ou pas.

b) La réparation intégrale des dommages matériels

1) Les dommages matériels aux biens

La réparation des dommages matériels aux biens soulève un certain nombre de difficultés :

- ***si la chose endommagée ne peut pas être remplacée par une chose équivalente ou si la chose a été détruite***, la jurisprudence refuse d'opérer une déduction tenant compte de l'état de vétusté, c'est-à-dire qu'une chose neuve remplacera la chose usagée endommagée ;
- ***si la chose endommagée peut être remise en état de la chose***, l'indemnité ne peut pas être supérieure à la valeur de remplacement de la chose.

2) Les dommages résultant de l'inexécution d'une obligation ayant pour objet une somme d'argent

Le préjudice résultant du retard dans l'exécution d'une obligation ayant pour objet une somme d'argent est compensé par des ***intérêts moratoires*** (art. 1231-6). Ils consistent que dans la condamnation aux intérêts au taux légal. Les dommages-intérêts moratoires courent dès la mise en demeure.

c) La réparation intégrale du dommage corporel

Le préjudice corporel est composé de plusieurs éléments. Des barèmes ont été créés pour éviter les disparités entre tribunaux : 1 % correspond à une somme. La « ***nomenclature Dintilhac*** » est désormais reprise par la jurisprudence.

L'***état végétatif*** de la victime qui n'aurait pas conscience de son état ne peut pas limiter l'indemnisation. La ***prédisposition de la victime*** n'est pas prise en compte si c'est l'accident qui l'a révélée. Dans le cas contraire, c'est-à-dire si elle était connue avant l'accident, l'obligation de réparation est réduite parce que l'on considère que la prédisposition de la victime a joué un rôle dans le dommage.

PARTIE 3

Les quasi-contrats

L'article 1300 du Code civil ***définit les quasi-contrats*** *comme « des faits purement volontaires dont il résulte un engagement de celui qui en profite sans y avoir droit, et parfois un engagement de leur auteur envers autrui ». Cette définition fait référence à l'élément décisif du quasi-contrat qu'est l'****avantage reçu sans droit****. Les quasi-contrats font partie des engagements qui se forment sans convention.*

Les quasi-contrats sont traités désormais au sein du Code civil dans un sous-titre consacré aux « Autres sources d'obligations », dont font également partie la loi ou l'engagement unilatéral de volonté. Seules les dispositions relatives aux quasi-contrats sont développées. L'ordonnance du 10 février 2016 consacre l'enrichissement sans cause, sous le terme d'« enrichissement injustifié » et précise le régime des autres quasi-contrats, c'est-à-dire la gestion d'affaires et la répétition de l'indu.

Chapitre 17

La gestion d'affaires

L'article 1301 du Code civil définit la gestion d'affaires : « Celui qui, sans y être tenu, gère sciemment et utilement l'affaire d'autrui, à l'insu ou sans opposition du maître de cette affaire, est soumis, dans l'accomplissement des actes juridiques et matériels de sa gestion, à toutes les obligations d'un mandataire ». La gestion d'affaires est définie comme un quasi-mandat.

1 Les conditions de la gestion d'affaires

La gestion d'affaires obéit à des conditions relatives aux personnes et des conditions relatives à l'acte de gestion.

■ *Les protagonistes de la gestion d'affaires*

a) Les conditions relatives au gérant d'affaires

Le gérant doit être capable et avoir eu l'intention de gérer l'affaire d'autrui.

Le gérant doit avoir ***conscience de gérer l'affaire d'autrui*** : il doit le faire « sciemment » volontairement, ce qui ne signifie pas qu'il doit avoir l'intention de gérer l'affaire dans le seul intérêt du maître de l'affaire (art. 1301-4). Celui qui croit agir pour lui-même alors qu'en réalité il gère pour l'affaire d'autrui ne peut bénéficier des règles de la gestion d'affaires (ex. : réparation d'un bien que l'on croit être le sien).

Le gérant doit intervenir « ***sans y être tenu*** » (art. 1301), ni par la loi, ni par un contrat. Son action doit être spontanée.

L'ordonnance du 10 février 2016 a consacré à l'article 1301-4 du Code civil la ***gestion d'affaires intéressée ou d'intérêt commun*** : « L'intérêt personnel du gérant à se charger de l'affaire d'autrui n'exclut pas l'application des règles de la gestion d'affaires ».

b) Les conditions relatives au maître de l'affaire

Peu importe que le maître de l'affaire soit capable ou non.

La gestion doit se faire « ***à l'insu ou sans opposition du maître de l'affaire*** » (art. 1301).

Le maître doit avoir été dans l'***impossibilité d'agir*** (art. 1301, al. 1er, *in fine*).

■ *Les conditions relatives à l'acte de gestion*

La gestion peut avoir pour objet des ***actes juridiques*** (gestion avec ou sans représentation) aussi bien que des ***actes matériels*** (ex. : réparer soi-même une partie du bâtiment du voisin). Le gérant d'affaires ne peut exercer une action en justice dans le cadre de la gestion d'affaires.

Selon l'article 1301 du Code civil, l'affaire doit avoir été ***gérée utilement***.

2 Les effets de la gestion d'affaires

Il convient de distinguer les effets de la gestion d'affaires d'une part dans les rapports entre le gérant et le géré et d'autre part à l'égard des tiers.

■ *Dans les rapports entre le gérant et le géré*

La ***ratification de la gestion par le maître*** le rend obligé. L'opération se transforme en mandat (art. 1301-3).

a) Les obligations du gérant

Le gérant d'affaires est tenu des mêmes obligations qu'un mandataire (art. 1301-1) :

- il doit apporter à la gestion de l'affaire tous les soins raisonnables ;
- il doit rendre compte de sa gestion ;
- il est tenu de continuer la gestion qu'il a commencée jusqu'à son terme à moins que le géré ou ses héritiers ne la refusent.

b) Les obligations du géré

En principe, le maître de l'affaire est tenu des mêmes obligations que le ***mandant*** (art. 1301-2) :

- il doit ***respecter les engagements pris dans son intérêt*** dès lors que l'affaire a été « utilement gérée » ;

- il doit ***rembourser au gérant*** « les dépenses faites dans son intérêt et l'indemnise des dommages qu'il a subis en raison de sa gestion » ;
- il n'a pas l'obligation de rémunérer le gérant.

Dans l'hypothèse où ***la gestion d'affaires est d'intérêt commun***, « la charge des engagements, des dépenses et des dommages se répartit à proportion des intérêts de chacun dans l'affaire commune » (art. 1301-4, al. 2).

■ À l'égard des tiers

Le gérant d'affaires est engagé envers les tiers avec lesquels il a traité en son nom personnel.

Le maître de l'affaire est engagé envers les tiers avec lesquels le gérant d'affaires a agi pour le compte du maître.

■ Le recours possible à l'enrichissement injustifié

« Si l'action du gérant ne répond pas aux conditions de la gestion d'affaires mais profite néanmoins au maître de cette affaire, celui-ci doit indemniser le gérant selon les règles de l'enrichissement injustifié » (art. 1301-5) : le gérant peut être indemnisé sur le fondement de l'enrichissement injustifié lorsque ***les conditions de la gestion d'affaires ne sont pas réunies***. En effet, les conditions de l'enrichissement injustifié sont moins strictes que celles de la gestion d'affaires, la ***condition d'altruisme*** n'étant pas exigée.

Chapitre 18

Le paiement de l'indu

Selon l'article 1302 du Code civil, « tout paiement suppose une dette : ce qui a été payé sans être dû, est sujet à répétition ». La loi oblige celui qui a reçu ce qui ne lui était pas dû à le restituer.

1 Les hypothèses d'indu

On distingue traditionnellement l'indu objectif et l'indu subjectif.

■ L'indu objectif

L'***indu objectif*** est celui qui porte sur une dette qui n'existe pas. Il est prévu par l'article 1302-1 qui reprend l'ancien article 1376 : « Celui qui reçoit par erreur ou sciemment ce qui ne lui est pas dû doit le restituer à celui de qui il l'a indûment reçu ».

■ L'indu subjectif

Il existe ***deux cas d'indu subjectif*** :

- celui dans lequel une personne s'acquitte d'une dette dont elle est débitrice mais ***dans les mains du mauvais créancier***, prévu par l'article 1302-1 ;
- celui dans lequel une personne « ***par erreur ou sous la contrainte a acquitté la dette d'autrui*** » (art. 1302-2) : la répétition de l'indu est exclue lorsque l'*accipiens* (celui qui reçoit le paiement) a supprimé son titre ou lorsqu'il a abandonné les sûretés qui garantissaient sa créance (art. 1302-2, al. 1er, *in fine*). Le *solvens* peut demander directement le remboursement au véritable débiteur (art. 1302-2, al. 2).

2 Les conditions de la répétition

Des conditions doivent exister à la fois du côté du *solvens* et du côté de l'*accipiens*.

■ *Du côté du* solvens

Le *solvens* a droit à la répétition de l'indu dès lors qu'il a payé alors qu'***il n'était pas débiteur***. La répétition de l'indu est subordonnée à l'existence d'une ***erreur*** de la part du *solvens,* sauf en cas de paiement d'une dette inexistante (*Cass. ass. plén., 2 avril 1993, n° 89-15490*). L'erreur peut être ***de fait ou de droit***.

La preuve de l'erreur doit être rapportée par le *solvens.* Elle peut être établie par tout moyen.

■ *Du côté de l'*accipiens

Il existe du côté de l'*accipiens* un certain nombre de conditions négatives à la répétition de l'indu. Ainsi, celle-ci est exclue dans plusieurs cas :

- lorsque l'*accipiens* est créancier mais qu'il a supprimé son titre après avoir été payé par celui qu'il pensait être le véritable débiteur (art. 1302-2, al. 2) ;
- lorsque l'*accipiens* n'a pas d'action contre le véritable débiteur parce que son action est prescrite ou lorsque l'*accipiens* a abandonné ses sûretés (art. 1302-2, al. 2, *in fine)* : le *solvens* peut alors exercer une action fondée sur l'enrichissement injustifié ;
- pour les obligations naturelles volontairement acquittées.

L'action en répétition ne doit pas être prescrite.

3 Les modalités de la répétition

Les règles de restitution sont celles prévues aux articles 1352 à 1352-9, également applicables en cas de nullité, de caducité ou de résolution du contrat (v. Chapitre 24).

Lorsque le *solvens* a commis une faute, il peut voir sa responsabilité engagée envers l'*accipiens* et le montant de la répétition pourra être réduit par la juge (art. 1302-3, al. 2).

Selon la jurisprudence, l'action en répétition de l'indu peut être exercée dans un délai de ***5 ans*** contre celui qui a reçu le paiement ou contre celui pour le compte duquel il a été reçu.

Chapitre 19

L'enrichissement injustifié

« Nul ne doit s'enrichir injustement aux dépens d'autrui ». L'enrichissement sans cause a été intégré dans le Code civil par l'ordonnance du 10 février 2016 sous le nom d'« enrichissement injustifié », c'est-à-dire sans fondement juridique, après sa consécration par la jurisprudence il y a plus de 100 ans (Cass. req., 15 juin 1892, Boudier).

L'enrichissement injustifié permet l'exercice de l'action *de in rem verso,* qui autorise une ***personne au détriment de laquelle une autre s'est enrichie de manière injustifiée*** à demander une indemnité (art. 1303).

1 Les conditions de l'action *de in rem verso*

L'action *de in rem verso* est soumise à des conditions d'ordre économique et à des conditions d'ordre juridique.

■ *Les conditions d'ordre économique*

L'action *de in rem verso* suppose qu'une personne se soit appauvrie et l'autre enrichie. Les deux doivent être liés.

- ***l'existence d'un enrichissement et d'un appauvrissement*** : l'enrichissement est constitué par tout avantage appréciable en argent (accroissement d'actif ou diminution de passif ou perte évitée) ou en nature. Selon la jurisprudence, l'enrichissement peut être intellectuel ou moral. L'action ne peut être exercée si l'enrichissement n'existe pas encore ou a disparu. La charge de la preuve de l'enrichissement incombe au demandeur. L'appauvrissement peut résulter d'une perte matérielle, d'un service rendu ou d'un travail fait sans rémunération. Enrichissement et appauvrissement doivent être appréciés au jour de la demande en restitution. L'appauvrissement ne doit pas résulter d'un acte accompli par l'appauvri en vue d'un profit personnel (art. 1303-1, al. 1er). Il ne doit pas non plus trouver son origine dans une ***faute de l'appauvri.*** Comme pour le paiement de l'indu, le nouvel article 1303-2 du Code civil précise que la faute de l'appauvri conduit à une réduction de l'indemnisation, ce qui met fin à une jurisprudence incertaine ;

- ***la corrélation entre appauvrissement et enrichissement*** : le même événement doit être à l'origine à la fois de l'appauvrissement et de l'enrichissement. L'enrichissement peut être indirect, c'est-à-dire procuré par l'intermédiaire du patrimoine d'un tiers.

■ *Les conditions d'ordre juridique*

- ***l'absence de justification à l'enrichissement*** : l'enrichissement doit être injustifié, c'est-à-dire qu'il ne doit exister ***aucune raison juridique*** fondant l'enrichissement, qu'il s'agisse de la loi, d'une décision judiciaire ou d'un contrat. Selon l'article 1303-1 du Code civil, « L'enrichissement est injustifié lorsqu'il ne procède ni de l'accomplissement par l'appauvri d'une obligation ni de son intention libérale » ;
- ***la subsidiarité de l'action de in rem verso*** : « L'appauvri n'a pas d'action sur ce fondement lorsqu'une autre action lui est ouverte ou se heurte à un obstacle de droit, tel que la prescription » (art. 1303-3) c'est-à-dire que le demandeur ne peut exercer une action *de in rem verso* s'il dispose d'une autre action pour obtenir ce qui lui est dû.

2 Les effets de l'action *de in rem verso*

L'appauvri peut obtenir une ***indemnisation*** de la part de l'enrichi.

L'enrichi doit à l'appauvri « une indemnité égale à la ***moindre des deux valeurs*** de l'enrichissement et de l'appauvrissement » (art. 1303-4, al. 1er).

L'existence de l'appauvrissement est constatée au jour de la dépense, celle de l'enrichissement au jour de la demande. L'évaluation de l'appauvrissement comme celle de l'enrichissement est faite au jour du jugement.

PARTIE 4

Le régime des obligations

L'obligation, quelle que soit sa source, obéit à un régime unique quant à ses modalités, sa cession ou son extinction.

Chapitre 20

Les modalités de l'obligation

Les obligations peuvent se présenter sous des modalités diverses. Il est possible aux parties de prévoir des modalités particulières du rapport d'obligation stricto sensu (terme ou condition) ou une pluralité d'objets (multiplicité d'objets ou de sujets).

1 Les modalités du rapport d'obligation *stricto sensu*

Les parties peuvent décider que leurs obligations s'éteindront ou prendront effet à l'arrivée d'un certain événement. Ils utilisent alors un terme ou une condition.

■ *La condition*

« L'obligation est conditionnelle lorsqu'elle dépend d'un événement futur et incertain » (art. 1304, al. 1er).

a) Les modalités de l'obligation conditionnelle

Deux modalités de la condition peuvent être distinguées (art. 1304) :

- ***condition suspensive*** : la naissance de l'obligation dépend d'un événement futur et incertain. L'accomplissement de la condition rend l'obligation pure et simple ;
- ***condition résolutoire*** : les effets du contrat (naissance de l'obligation) se produisent mais disparaissent si la condition se produit.

b) Les conditions de validité de la condition

« La condition doit être **licite**. À défaut, l'obligation est nulle » (art. 1304-1).

La ***condition potestative est nulle*** sauf si elle a été exécutée en connaissance de cause (art. 1304-2 : « Est nulle l'obligation contractée sous une condition dont la réalisation dépend de la seule volonté du débiteur »).

La jurisprudence refuse que la condition puisse porter sur un élément essentiel à la formation du contrat.

c) Les effets de la condition

	Avant l'arrivée de la condition (art. 1304-3 à 1304-5)	Après l'arrivée de la condition (art. 1304-6)
Condition suspensive	Le contrat existe mais ne produit pas ses effets. Le créancier peut faire des actes conservatoires. Son droit est transmissible entre vifs et peut être cédé à cause de mort.	Le contrat est censé produire ses effets depuis le jour de sa formation ; en cas de défaillance de la condition, les actes accomplis par le créancier sont rétroactivement anéantis.
Condition résolutoire	Tout se passe comme si le contrat était un contrat pur et simple. Le terme ne doit pas obligatoirement être fixé. Dans ce cas, la condition [...] n'est censée défaillir que lorsqu'« il est devenu certain que l'événement n'arrivera pas ».	Le contrat est censé n'avoir jamais existé ; le contrat est définitivement consolidé en cas de défaillance de la condition.

■ *Le terme*

Le terme est un événement futur et certain dont dépend l'exigibilité ou la durée de l'obligation. « L'obligation est à terme lorsque son ***exigibilité est différée*** jusqu'à la survenance d'un événement futur et certain, encore que la date en soit incertaine » (art. 1305).

a) Les différentes sortes de termes

Le terme peut être ***exprès ou tacite*** (art. 1305-1, al. 1er). On distingue traditionnellement :

- ***le terme suspensif*** : il suspend l'événement d'une obligation exigible jusqu'à un certain moment ;
- ***le terme extinctif*** : il fixe le moment où une obligation cesse d'être due.

Il y a deux catégories de termes quant à la nature de l'événement :

- ***le terme incertain*** : l'arrivée du terme correspond à un événement dont la date est incertaine ;
- ***le terme certain*** : une date précise est prévue pour le terme.

Il y a plusieurs catégories de termes quant à l'origine de celui-ci :

– ***le terme conventionnel*** : il est prévu par les parties ;
– ***le terme légal*** : il est déterminé par la loi ;
– ***le terme judiciaire*** : il est accordé par un tribunal.

b) Les effets du terme

1) Le mécanisme du terme

« Ce qui n'est dû qu'à terme ne peut être exigé avant son échéance ; mais ce qui a été payé d'avance ne peut être répété » (art. 1305-2). Les effets du terme varient selon la période considérée :

– ***avant la survenance du terme*** : la créance existe mais elle n'est pas exigible ;
– ***lors de la survenance du terme*** : la survenance du terme rend la créance exigible.

Sauf disposition légale ou conventionnelle contraire ou circonstances particulières, le terme profite au débiteur (art. 1305-3, al. 1er).

2) La disparition du terme

Il existe trois modalités de disparition du terme :

– ***l'échéance du terme*** : c'est la modalité « normale » d'extinction du terme ;
– ***la renonciation au bénéfice du terme*** : seul le bénéficiaire peut renoncer au terme ;
– ***la déchéance du terme*** : il s'agit d'une sanction du bénéficiaire, appliquée lorsque le débiteur diminue les sûretés qui garantissent l'obligation ou ne fournit pas les sûretés promises au créancier (art. 1305-4).

2 L'obligation plurale

L'obligation peut être plurale en raison d'une multiplicité d'objets ou de sujets.

■ *La pluralité d'objets*

Parmi les obligations portant sur une pluralité d'objets, seule l'obligation alternative était prévue par le Code civil. Y figurent désormais l'obligation cumulative et l'obligation facultative.

L'***obligation cumulative*** est celle qui a pour objet ***plusieurs prestations*** et qui ne s'éteint que si toutes les prestations ont été exécutées par le débiteur qui en est tenu (art. 1306).

L'***obligation alternative*** est celle qui a pour objet ***plusieurs prestations et qui s'éteint lorsque l'une d'elle a été exécutée*** (art. 1307). Le ***choix*** de la prestation qui doit être exécutée ***appartient au débiteur,*** « sauf disposition légale ou clause contraire » (art. 1307-1, al. 1er). Conformément à la jurisprudence, « Le choix exercé est définitif et fait perdre à l'obligation son caractère alternatif » (art. 1307-1, al. 3).

L'***obligation facultative*** permet au débiteur de se libérer en fournissant ***une autre prestation que celle initialement prévue*** (art. 1308). Le débiteur est libéré lorsque la prestation initialement convenue devient impossible pour cause de force majeure, ce qui la distingue de l'obligation alternative.

■ *La pluralité de sujets*

L'obligation peut avoir plusieurs sujets, c'est-à-dire plusieurs créanciers ou plusieurs débiteurs. En principe, quand il y a pluralité de sujets, la créance ou la dette se divise entre les créanciers ou entre les débiteurs. Il s'agit d'obligations conjointes. Ce principe de division connaît trois sortes d'exceptions : la solidarité, l'obligation *in solidum* et l'indivisibilité.

a) Le principe de division : l'obligation conjointe

L'obligation conjointe permet la division de l'obligation ***par parts égales entre les créanciers***, qu'il s'agisse des parties initiales ou de leurs successeurs. Le créancier peut demander le paiement de sa créance à l'un quelconque des débiteurs. Le débiteur ne peut être poursuivi que pour sa part de dette (art. 1309, al. 2), ce qui contraint le créancier à diviser ses poursuites. En cas de pluralité de créanciers, chacun d'eux n'a droit qu'à sa part de la créance commune.

b) Les exceptions au principe de division

1) L'obligation solidaire

La solidarité découle de la loi ou du contrat ; elle ne se présume pas (art. 1310). Il existe deux types de solidarité :

– ***solidarité active***, entre les créanciers : elle se manifeste quand il y a plusieurs créanciers pour la même créance et que chacun d'eux a le droit de demander le paiement intégral au débiteur (ex. : comptes bancaires joints) ;
– ***solidarité passive*** : il y a plusieurs débiteurs pour la même dette, qui sont chacun tenus pour la totalité de celle-ci.

- **LA SOLIDARITÉ ENTRE CRÉANCIERS OU « SOLIDARITÉ ACTIVE »**

La solidarité active ne peut trouver sa source que dans une ***stipulation expresse*** (art. 1310). Elle est rare en pratique (ex. : compte bancaire joint) :

- ***chaque créancier peut exiger ou recevoir le paiement de toute la créance***. Le débiteur est alors libéré à l'égard de tous les créanciers. Le débiteur peut payer le créancier de son choix, tant qu'il n'est pas poursuivi par l'un d'eux (art. 1311) ;
- tout acte qui interrompt ou suspend la ***prescription*** à l'égard de l'un des créanciers solidaires, profite aux autres créanciers (art. 1312).

- **LA SOLIDARITÉ ENTRE DÉBITEURS OU « SOLIDARITÉ PASSIVE »**

La solidarité passive doit être stipulée dans le ***contrat*** qui fait naître la dette ou être prévue par la ***loi*** (art. 1310) :

- ***la solidarité conventionnelle*** est prévue par le contrat ou l'acte unilatéral de façon claire et explicite ;
- ***la solidarité légale*** peut avoir plusieurs fondements : la communauté d'intérêt entre les débiteurs, la responsabilité commune des codébiteurs et, plus généralement, l'idée de sanction ou le renforcement du crédit.

Par exception, la solidarité peut également trouver sa source dans les usages. Ainsi, elle se présume ***en matière commerciale*** entre débiteurs tenus d'une même dette.

La ***solidarité passive*** comporte de multiples effets :

- ***chaque codébiteur répond de toute la dette*** ; le paiement fait par l'un d'eux les libère tous envers le créancier (art. 1313, al. 1er) ;
- le créancier peut ***demander le paiement au débiteur solidaire de son choix*** (art. 1313, al. 2). « Les poursuites exercées contre l'un des débiteurs solidaires n'empêchent pas le créancier d'en exercer de pareilles contre les autres » (art. 1313, al. 2) ;
- la ***demande d'intérêts*** formée contre l'un des débiteurs solidaires fait courir les intérêts à l'égard de tous (art. 1314) ;
- le codébiteur poursuivi ne peut opposer les ***exceptions personnelles*** à d'autres codébiteurs mais il peut s'en prévaloir pour faire réduire le montant total de la dette si elles ont eu pour effet d'éteindre la part divise d'un autre codébiteur (art. 1315) ;
- la ***remise de solidarité*** accordée par le créancier à l'un des codébiteurs solidaires maintient la créance sur les autres « déduction faite de la part du débiteur qu'il a déchargé » (art. 1316) ;
- les règles relatives à la ***contribution à la dette*** entre codébiteurs sont prévues à l'article 1317) : « Entre eux, les codébiteurs solidaires ne contribuent à la dette que chacun pour sa part. Celui

qui a payé au-delà de sa part dispose d'un recours contre les autres à proportion de leur propre part. Si l'un d'eux est insolvable, sa part se répartit, par contribution, entre les codébiteurs solvables, y compris celui qui a fait le paiement et celui qui a bénéficié d'une remise de solidarité » ;

- le débiteur qui a payé n'a pas de ***recours*** contre le codébiteur solidaire qui n'est pas concerné par la dette mais celui-ci dispose d'un recours pour le tout s'il a payé (art. 1318) ;
- en cas d'***inexécution de l'obligation*** imputable à l'un des codébiteurs ou à seulement certains d'entre eux, « Les codébiteurs solidaires répondent solidairement de l'inexécution de l'obligation. La charge en incombe à titre définitif à ceux auxquels l'inexécution est imputable » (art. 1319).

● L'OBLIGATION *IN SOLIDUM*

La notion d'obligation *in solidum* a été créée par la doctrine puis reprise par la jurisprudence. Il est difficile de déterminer s'il s'agit d'une variété de solidarité ou d'une institution autonome. Absente du Code civil, elle permet de ***mettre à la charge de plusieurs personnes une même dette en l'absence de solidarité***, par exemple les coauteurs d'un même dommage : la victime peut agir en paiement pour le tout contre l'une d'entre elles, ce qui évite la division des poursuites. Celui qui a payé l'intégralité de la dette dispose d'un recours contre ses coresponsables. L'obligation *in solidum* ne se voit pas appliquer les effets secondaires de la solidarité : par exemple, elle exclut tout lien de représentation entre les débiteurs.

2) L'obligation à prestation indivisible

L'article 1320 du Code civil réunit les règles relatives à l'***indivisibilité :***

- l'indivisibilité peut résulter soit de la nature de la prestation, soit de la convention des parties ;
- elle donne le droit à chaque créancier d'exiger et de recevoir un paiement intégral ;
- chacun des débiteurs a l'obligation de payer le tout et dispose d'un recours en contribution contre les autres ;
- les mêmes règles sont applicables aux successeurs des créanciers et débiteurs.

L'obligation indivisible est insusceptible d'être exécutée partiellement (ex. : ensemble contractuel).

Chapitre 21

Les opérations sur obligations

L'ordonnance du 10 février 2016 a opté pour le regroupement au sein d'un même chapitre du Code civil des différentes opérations sur obligations que sont la cession de créance, la cession de dette, la novation et la délégation. Elle a fait entrer la cession de dette pour la première fois dans le Code civil.

1 La cession de créance

La cession de créance est ***définie*** comme « un contrat par lequel le créancier cédant transmet, à titre onéreux ou gratuit, tout ou partie de sa créance contre le débiteur cédé à un tiers appelé le cessionnaire » (art. 1321, al. 1er).

Il y a plusieurs types de cessions de créances :

- ***la cession de droit commun*** : la cession peut porter sur une ou plusieurs créances ***présentes ou futures, déterminées ou déterminables.*** Elle n'exige pas le consentement du débiteur (art. 1321, al. 4) et doit être constatée par écrit à peine de nullité (art. 1322). Une simple notification ou acceptation de la cession suffit à rendre la cession opposable au débiteur cédé (art. 1324) ;
- la ***cession de titres négociables*** ;
- la ***cession de créances professionnelles*** ou « cession Dailly » (L. *Dailly,* 2 janvier 1981 ; C. mon. fin., art. L. 313-23 et s.).

2 La cession de dette

L'ordonnance du 10 février 2016 a fait entrer la cession de dette dans le Code civil : « Un débiteur peut, avec l'accord du créancier céder sa dette à une autre personne » (art. 1327, al. 1er). Elle permet à un débiteur de se libérer d'une dette en donnant à son créancier un autre débiteur.

Conformément à la jurisprudence qui lui est antérieure, l'article 1327 du Code civil exige le ***consentement exprès*** du créancier à la cession de dette.

La loi du 20 avril 2018 a précisé que « la cession doit être constatée par ***écrit***, à peine de nullité » (art. 1327, al. 2).

La cession de dette a un ***caractère libératoire*** pour le débiteur originaire seulement si le créancier y consent expressément (art. 1327-2) :

- ***si le créancier n'a pas libéré le débiteur originaire*** : la cession ne fait qu'ajouter un débiteur. Le débiteur originaire est tenu solidairement au paiement de la dette avec le débiteur substitué, sauf clause contraire (art. 1327-2, *in fine*). Les sûretés subsistent (art. 1328-1, al. 1er) ;
- ***si le créancier a libéré le débiteur originaire*** : le créancier a déchargé le cédant, celui-ci sera alors libéré pour l'avenir. Les garanties consenties par le débiteur originaire ou par des tiers ne subsistent qu'avec leur accord (art. 1328-1, al. 1er, *in fine*. Dans ce cas, les codébiteurs solidaires du cédant restent tenus déduction faite de sa part dans la dette (art. 1328-1, al. 2).

3 La novation

« La novation est un contrat qui a pour objet de substituer à une obligation, qu'elle éteint, une obligation nouvelle qu'elle crée » (art. 1329) : la naissance d'une nouvelle obligation doit être ***corrélative*** à l'extinction d'une autre obligation. La novation a à la fois un ***effet créateur*** et un ***effet extinctif***.

L'***intention de nover*** doit résulter clairement de l'acte (art. 1330).

La novation suppose que l'ancienne comme la nouvelle obligation soient toutes deux ***valides*** (art. 1331), sauf lorsque la novation a « pour objet déclaré de substituer un engagement valable à un engagement entaché d'un vice ».

Il existe 3 modalités de novation :

- ***novation par substitution*** d'obligation entre les mêmes parties ;
- ***novation par changement de débiteur*** : elle peut s'opérer sans le concours du premier débiteur ;
- ***novation par changement de créancier*** : le débiteur peut, par avance, accepter que le nouveau créancier soit désigné par le premier.

La novation ***éteint l'obligation ancienne ainsi que ses accessoires*** (art. 1334, al. 1er), c'est-à-dire les garanties, sous réserve de quelques exceptions (art. 1334, al. 2 et art. 1335). Elle est ***opposable aux tiers à la date de l'acte*** (art. 1333, al. 2).

4 La délégation

La délégation est une opération qui consiste à ce qu'une personne, le délégant, demande à une autre personne, le délégué, de payer à une troisième, le délégataire, qui l'accepte comme débiteur, une dette en son nom (art. 1336, al. 1er).

La délégation peut être ou non novatoire :

- en cas de délégation « imparfaite » ou « simple » (art. 1338), ***le délégataire ne décharge pas le délégant de son obligation.*** Un autre débiteur s'ajoute simplement au premier ;
- lorsque la délégation est « parfaite » ou « novatoire », ***le délégataire décharge le délégant de son obligation***. Le délégataire doit déclarer expressément qu'il entend décharger le débiteur/délégant de son obligation (art. 1337, al. 2). La délégation opère novation par changement de débiteur (art. 1337, al. 1er).

Chapitre 22

Les actions ouvertes au créancier

L'article 1341 du Code civil affirme le principe selon lequel « Le créancier a droit à l'exécution de l'obligation ». « Il peut y contraindre le débiteur dans les conditions prévues par la loi », c'est-à-dire par le recours aux procédures d'exécution. Lorsque le créancier n'obtient pas l'exécution de l'obligation, il peut s'adresser soit au débiteur, soit à un tiers. Les dispositions relatives à l'action oblique et à l'action paulienne sont intégrées au sein du Code civil dans un chapitre intitulé « Les actions ouvertes au créancier » (art. 1341 à 1341-3). S'y ajoutent des dispositions relatives d'une part au droit du créancier à l'exécution et d'autre part à l'action directe.

1 L'action du créancier contre le débiteur

Le créancier peut agir contre son débiteur pour obtenir l'exécution. Il ne peut agir sur la personne de son débiteur ; il doit par conséquent agir sur son patrimoine.

■ *Les conditions de l'action du créancier contre le débiteur*

L'action du créancier contre le débiteur nécessite une mise en demeure préalable ainsi que l'obtention d'un titre exécutoire. La mise en demeure est l'acte par lequel le créancier demande solennellement au débiteur de s'exécuter.

La ***mise en demeure du débiteur*** marque le point de départ du cours des intérêts moratoires, au taux légal (art. 1344-1) et met les risques à la charge du débiteur (art. 1344-2, al. 2).

La mise en demeure du créancier est nécessaire lorsque celui-ci refuse le paiement. La procédure compliquée des offres réelles, qui faisait l'objet de vives critiques, a été remplacée en 2016 par un système inédit de ***mise en demeure du créancier*** : en cas de refus de paiement du créancier, le débiteur peut ***mettre en demeure son cocontractant d'accepter ou de permettre l'exécution du paiement***. Lorsque l'obstruction n'a pas pris fin dans les deux mois de la mise en demeure, le débiteur se libère en ***consignant la somme due ou en séquestrant la chose*** qui devait être livrée. Le débiteur est alors libéré, la consignation tenant lieu de paiement (art. 1345 à 1345-3).

La possibilité d'entreprendre une mesure exécutoire ne peut être envisagée sans que le créancier ne dispose d'un ***titre exécutoire*** qui lui permettra, le cas échéant, de recourir à la force publique.

■ *Les modalités de l'action du créancier contre le débiteur*

Le créancier dispose d'un droit de gage général. Il peut solliciter des mesures conservatoires ainsi que des mesures d'exécution :

- le ***droit de gage général*** : tous les biens du débiteur garantissent toutes ses dettes (art. 2284 et 2285). Le droit de gage général n'est qu'une garantie susceptible de donner lieu à une ***saisie*** ;
- les ***mesures conservatoires*** : tout créancier peut solliciter une mesure conservatoire à condition que la créance soit fondée en son principe, qu'il ait obtenu une autorisation judiciaire et que la mesure conservatoire soit exécutée dans les 3 mois (CPC exéc., art. L. 511-1) ;
- les ***mesures d'exécution*** : l'exécution forcée peut être directe (saisie et vente forcée des biens du débiteur pour les obligations de payer une somme d'argent ou exécution forcée en nature pour les obligations autres que de sommes d'argent ; art. 1221 et 1222 ; v. Chapitre 12) ou indirecte (astreinte).

2 L'action du créancier contre les tiers

Pour obtenir le paiement, le créancier a parfois la possibilité d'agir contre des tiers.

■ *Les mesures conservatoires et d'exécution*

Les mesures de conservation et d'exécution permettent au créancier d'agir contre le débiteur de son débiteur :

- les ***mesures conservatoires*** sont les mêmes que lorsque le créancier agit directement contre son débiteur. Il s'agit d'immobiliser des sommes entre les mains du débiteur du débiteur ;
- les ***mesures d'exécution*** ne sont envisageables que lorsque la créance est liquide et exigible et que le créancier possède un titre exécutoire. Le créancier peut alors saisir entre les mains d'un tiers les créances de son débiteur portant sur une somme d'argent (CPC exéc., art. L. 211-1, saisie-attribution ; ex. : saisie des rémunérations du débiteur dues par son employeur).

L'action oblique

L'action oblique permet au créancier d'***exercer un droit ou une action que le débiteur néglige d'exercer*** (art. 1341-1).

Les conditions de l'action oblique sont au nombre de deux :

– il doit exister une ***carence du débiteur*** dans l'exercice de ses droits et actions à caractère patrimonial ;
– la carence du débiteur doit ***compromettre les droits de son créancier***.

La possibilité pour le créancier d'exercer une ***action du débiteur exclusivement attachée à sa personne*** est exclue.

L'action oblique constitue un moyen pour le créancier d'***agir contre le débiteur de son débiteur***. L'action appartient au débiteur mais est exercée en son nom par le créancier, contre le débiteur du premier.

Le créancier qui exerce l'action n'a ***aucune priorité sur la créance*** et subit donc le concours des autres même restés inactifs, dans la mesure où le bénéfice de l'action intègre le patrimoine du débiteur (*Cass. civ., 18 juill. 1838*).

L'action paulienne

L'action paulienne est exercée par le créancier en son nom personnel pour ***faire déclarer inopposables à son égard les actes faits par son débiteur en fraude de ses droits*** (art. 1341-2).

Le créancier doit prouver l'existence d'une ***fraude*** ainsi que de la connaissance de la fraude par le tiers cocontractant (art. 1341-2). La fraude n'est pas définie par le Code civil.

L'***inopposabilité*** sanctionne les actes faits en fraude des droits du créancier. Les effets de l'action ne passant pas par le patrimoine du débiteur, le créancier ***ne subit pas le concours*** des autres créanciers.

L'action directe

Il n'existe pas de droit commun de l'action directe : « Dans certains cas déterminés par la loi, le créancier peut agir directement en paiement de sa créance contre un débiteur de son débiteur » (art. 1341-3). L'action directe est ***limitée aux cas prévus par la loi*** (ex. : action du bailleur contre le sous-locataire – C. civ., art. 1753 ; action de la victime contre l'assureur du responsable – C. assur., art. L. 124-3).

L'action directe permet au créancier d'obtenir du débiteur de son débiteur un ***paiement direct***. Elle a pour conséquence d'immobiliser la créance : le débiteur du débiteur ne peut se libérer de sa dette qu'entre les mains du demandeur. L'action directe permet au créancier demandeur de se payer sur la créance alors que les autres créanciers ne le peuvent pas : le concours des autres créanciers est ainsi évité.

Chapitre 23

L'extinction des obligations

Le paiement est la manière la plus courante d'éteindre une obligation. L'extinction peut également découler de la compensation, de la confusion, de la remise de dette ou de l'impossibilité d'exécution (art. 1351 et 1351-1).

1 Le paiement

Le paiement consiste dans l'***exécution de la prestation due*** (art. 1342). Il libère le débiteur et éteint la dette, sauf en cas de subrogation.

■ *Les dispositions générales relatives au paiement*

a) Les parties concernées

Le *solvens* est celui qui paie, c'est-à-dire le débiteur lui-même ou son représentant ou toute personne qui a intérêt à l'acquittement de la dette (mandataire, codébiteur ou caution, par exemple) : « Le paiement peut être fait même par une ***personne qui n'y est pas tenue***, sauf refus légitime du créancier » (art. 1342-1). Le créancier ne peut refuser le paiement fait par un tiers que lorsqu'il s'agit d'une obligation de faire conclue *intuitu personae*.

L'*accipiens* est celui qui reçoit le paiement. Il peut s'agir du créancier lui-même ou de son représentant, à condition que celui-ci ait reçu le pouvoir d'encaisser ce paiement légalement, judiciairement ou conventionnellement : « Le paiement doit être fait au ***créancier*** ou à la ***personne désignée*** pour le recevoir » (art. 1342-2, al. 1er).

b) Les modalités du paiement

Le créancier ***ne peut pas se voir imposer*** un paiement partiel « même si la prestation est divisible » (art. 1342, al. 1er).

La ***dation en paiement***, c'est-à-dire la possibilité pour le créancier de recevoir en paiement autre chose que ce qui lui est dû, est désormais clairement admise par l'article 1342-4 du Code civil.

Le paiement doit être fait dès que la dette est exigible (art. 1342, al. 2), en principe au domicile du débiteur (principe de quérabilité ; art. 1342-4).

Les frais du paiement sont à la ***charge du débiteur*** (art. 1342-7).

« Le paiement se prouve par tous moyens » (art. 1342-8).

Les règles d'***imputation des paiements***, c'est-à-dire celles qui régissent l'ordre dans lequel le débiteur de plusieurs dettes doit s'en acquitter, sont organisées par l'article 1342-10, alinéa 2 du Code civil.

■ Les dispositions spécifiques aux obligations de sommes d'argent

Le paiement doit en principe être fait en ***espèces*** en monnaie fiduciaire mais le paiement par chèque, par monnaie électronique (***carte bancaire***) ou encore par virement bancaire est également possible, dans des limites spécifiques pour chacun d'eux.

L'article 1343 du Code civil affirme le principe du ***nominalisme monétaire*** : « Le débiteur d'une obligation de somme d'argent se libère par le versement de son montant nominal » sauf si les parties ont prévu une ***clause d'indexation***, qui peut faire varier le montant de la somme due (art. 1343, al. 2) ou en présence d'une ***dette de valeur*** (qui peut varier selon les circonstances ; art. 1343, al. 3).

En cas de paiement d'une obligation avec intérêts, le ***paiement s'impute d'abord sur les intérêts, puis sur le capital***, notamment en cas de paiement partiel (art. 1343-1, al. 1er).

Apportant une exception au principe de quérabilité, l'article 1343-4 du Code civil pose le principe de la ***portabilité du paiement des obligations de sommes d'argent***, nécessitée par le développement de la monnaie scripturale.

Le juge a la possibilité d'accorder des délais de grâce, c'est-à-dire un ***report ou un échelonnement*** du paiement des dettes (art. 1343-5).

■ Le paiement avec subrogation

La subrogation a pour effet de substituer une personne à une autre pour le paiement de la dette (subrogation personnelle). Elle peut être légale ou conventionnelle.

L'ordonnance du 10 février 2016 a ***généralisé la subrogation légale*** au profit de celui qui, à condition d'y avoir un intérêt légitime, libère par son paiement celui sur lequel pesait tout ou partie de la dette (art. 1346).

La ***subrogation conventionnelle*** peut être consentie par le créancier (art. 1346-1) ou par le débiteur (art. 1346-2).

Le bénéficiaire de la subrogation se voit ***transmettre***, « dans la limite de ce qu'il a payé », ***la créance et ses accessoires***, à l'exception des droits exclusivement attachés à la personne du créancier (art. 1346-4, al. 1er).

Comme pour la cession de créance (art. 1324), l'article 1346-5, alinéa 1er exige que la subrogation soit ***notifiée*** pour pouvoir être opposable au débiteur cédé ou que le débiteur en ait pris acte.

2 La remise de dette

« La remise de dette est le contrat par lequel le créancier libère le débiteur de son obligation » (art. 1350) : la remise de dette n'est pas un acte juridique unilatéral mais un ***contrat*** qui requiert ***l'accord des deux parties***.

La remise de dette a pour conséquence l'***extinction*** de celle-ci.

3 La compensation

« La compensation est l'extinction simultanée d'obligations réciproques entre deux personnes » (art. 1347, al. 1er). Elle peut être légale, judiciaire ou conventionnelle.

Pour pouvoir faire l'objet d'une compensation, les créances doivent être ***fongibles, certaines, liquides et exigibles*** (art. 1347-1, al. 1er). ***Ne peuvent faire l'objet d'une compensation***, sauf si le créancier y consent, les créances insaisissables et les obligations de restitution d'un dépôt, d'un prêt à usage ou d'une chose dont le propriétaire a été injustement dépouillé, sauf si le créancier y consent, ce qui est nouveau.

La compensation ***éteint les obligations*** à due concurrence au jour où les conditions en sont réunies, à condition d'être invoquée (art. 1347, al. 2). Elle ne préjudicie pas aux ***droits acquis par des tiers*** (art. 1347-7).

4 La confusion

« La confusion résulte de la réunion des qualités de créancier et de débiteur d'une même obligation dans la même personne » (art. 1349).

La confusion a un ***effet extinctif***, quant à la créance et à ses accessoires, sous réserve des droits acquis par ou contre des tiers (art. 1349, *in fine*). Lorsque la confusion ne concerne que l'un des débiteurs ou créanciers solidaires, l'extinction n'a lieu, à l'égard des autres, ***que pour sa part*** (art. 1349-1, al. 1er).

5 L'impossibilité d'exécuter

Les articles 1351 et 1351-1 du Code civil organisent les modalités de libération du débiteur notamment en cas de force majeure (art. 1218).

En cas d'***impossibilité d'exécuter une prestation résultant d'un cas de force majeure***, le débiteur est libéré à due concurrence à condition que l'impossibilité soit définitive, sauf s'il avait décidé d'assumer le risque (art. 1351).

Dans le cas où l'impossibilité d'exécuter découle de la ***perte de la chose*** due, le débiteur peut se trouver néanmoins libéré à certaines conditions : il doit prouver que la perte se serait pareillement produite si l'obligation avait été exécutée (art. 1351-1, al. 1er). « Il est cependant tenu de céder à son créancier les droits et actions attachés à la chose » (art. 1351-1, al. 2).

6 La prescription extinctive

L'écoulement d'un délai fait perdre un droit réel à son titulaire parce qu'il n'agit pas. Le délai de ***droit commun*** est de 5 ans (art. 2224).

Il existe des ***exceptions***, par exemple en matière de dommage corporel (10 ans). Il n'est pas possible de prévoir par convention une augmentation de la durée de ces délais.

Le ***point de départ*** est fixé au jour où l'action en justice est ouverte. Le délai peut être suspendu ou interrompu.

L'obligation prescrite est éteinte.

Chapitre 24

Les restitutions

L'ordonnance du 10 février 2016 a réuni pour la première fois dans un chapitre l'ensemble des dispositions consacrées aux restitutions (art. 1352 à 1352-9). Ce régime s'applique à toutes les restitutions, qu'elles découlent de l'annulation, de la résolution, de la caducité du contrat ou de la répétition de l'indu.

1 La restitution d'une chose autre qu'une somme d'argent

On distingue d'une part des règles générales applicables en principe à toutes les restitutions et d'autre part des règles particulières applicables à la restitution d'une prestation de service.

■ *Le cas général*

a) Les modalités de la restitution

L'article 1352 du Code civil pose le ***principe de la restitution en nature*** d'une chose autre qu'une somme d'argent. La valeur sera estimée au jour de la restitution (art. 1352, *in fine*).

La restitution n'a lieu ***en valeur*** que dans les hypothèses où la restitution en nature est impossible :

- lorsque ***la chose restituée a subi des dégradations ou détériorations*** qui en ont diminué la valeur (art. 1352-1) ;
- lorsque ***la chose a été vendue*** par le débiteur de la restitution (art. 1352-2).

b) L'étendue de la restitution

La restitution d'une somme autre qu'une somme d'argent porte sur la chose, à laquelle s'ajoutent les fruits et la valeur de la jouissance que la chose a procurée :

- le débiteur de bonne foi ne doit restituer que le ***prix de vente*** alors que celui de mauvaise foi restitue la valeur de la chose au jour de la restitution lorsque cette valeur est supérieure au prix (art. 1352-2) ;
- la restitution inclut les ***fruits*** (art. 1352-3, al. 1er). Le débiteur de mauvaise foi doit les intérêts, fruits et valeur de la jouissance perçus à compter du paiement alors que celui de bonne foi conserve les fruits jusqu'à la demande (art. 1352-7) ;
- une ***indemnité de compensation de jouissance*** peut être octroyée (art. 1352-3, al. 1er). Cette valeur est évaluée au jour du jugement ;
- le ***montant de la restitution*** doit tenir compte « des dépenses nécessaires à la conservation de la chose et de celles qui en ont augmenté la valeur, dans la limite de la plus-value estimée au jour de la restitution » (art. 1352-5).

« Les restitutions dues par un mineur non émancipé ou par un majeur protégé sont réduites à hauteur du profit qu'il a retiré de l'acte annulé » (art. 1352-4).

Le ***montant de la restitution*** doit tenir compte « des dépenses nécessaires à la conservation de la chose et de celles qui en ont augmenté la valeur, dans la limite de la plus-value estimée au jour de la restitution » (art. 1352-5).

L'ordonnance de 2016 n'a pas inséré dans le Code civil les maximes « *Nemo auditur turpitudinem allegans* » (Nul ne peut se prévaloir de sa propre turpitude) et « *In pari causa turpitudinis cessat repetitio* » (Il n'y a pas lieu à restitution si les deux parties sont associées à la turpitude), qui empêchent la partie informée du caractère immoral de la convention d'obtenir toute restitution de la part de son cocontractant suite au prononcé de la nullité. Cette règle continue toutefois à être appliquée.

■ *La restitution d'une prestation de service*

La ***restitution d'une prestation de service*** doit nécessairement avoir lieu en valeur, appréciée à la ***date à laquelle elle a été fournie*** (art. 1352-8).

2 La restitution d'une somme d'argent

« La restitution d'une somme d'argent inclut les intérêts au taux légal et les taxes acquittées entre les mains de celui qui l'a reçue » (art. 1352-6). Le Code civil conserve le principe du ***nominalisme monétaire***.

BIBLIOGRAPHIE

- AYNÈS (L.), MALAURIE (Ph.) et STOFFEL-MUNCK (Ph.), *Les obligations*, 11e éd., 2020, Defrénois.
- BÉNABENT (A.), *Droit civil, Les obligations*, 19e éd., 2021, LGDJ-Lextenso, coll. « Précis Domat ».
- BOUSTANI (D.), GOUJON-BETHAN (Th.), FERRARI (B.) et SIEW-GUILLEMIN (A.-S.), *Annales et sujets d'actualité – Droit des obligations 2021*, Gualino-Lextenso.
- BRUN (Ph.), *Responsabilité civile extracontractuelle,* 5e éd., 2018, LexisNexis, coll. « Manuel ».
- BUFFELAN-LANORE (Y.) et LARRIBAU-TERNEYRE (V.), *Droit civil, Les obligations,* 2020, Sirey, coll. « Sirey Université ».
- CABRILLAC (R.), *Droit des obligations*, 14e éd., 2020, Dalloz-Sirey, coll. « Cours ».
- CAPITANT (H.), *Les grands arrêts de la jurisprudence civile* par TERRÉ, SIMLER et LEQUETTE, 13e éd., 2015, Dalloz.
- CHANTEPIE (G.) et LATINA (M.), *La réforme du droit des obligations. Commentaire théorique et pratique dans l'ordre du Code civil*, 2e éd., 2018, Dalloz-Sirey.
- DELEBECQUE (Ph.) et PANSIER (F.-J.), *Droit des obligations – Régime général*, 9e éd., 2018, Litec, coll. « Objectif droit » ; *Droit des obligations – Contrat et quasi-contrat*, 7e éd., 2016, Litec, coll. « Objectif droit » ; *Droit des obligations – Responsabilité civile – Délit et quasi-délit*, 8e éd., 2019, Litec, coll. « Objectif droit ».
- DOUVILLE Th. (Dir.), *La réforme du droit des contrats, commentaire article par article de l'ordonnance du 10 février 2016*, 2e éd., 2018, Gualino-Lextenso.

– Fabre-Magnan (M.), *Droit des obligations. Tome 1, Contrat en engagement unilatéral, 6e éd. 2021, Droit des obligations. Tome 2, Responsabilité civile et quasi-contrats*, 5e éd., 2021, PUF, coll. Thémis Droit.

– Fages (B.), *Droit des obligations*, 10e éd., 2020, LGDJ-Lextenso, Coll. « Manuel ».

– Le Tourneau (Ph.), Bloch (C.), Guettier (Ch.) et Julien (J.), *Droit de la responsabilité et des contrats, régimes d'indemnisation,* Ed. 2021-2022, Dalloz-Action.

– Malinvaud (Ph.), Fenouillet (D.) et Mekki (M.), *Droit des obligations*, 15e éd., 2019, Litec.

– Mazeaud (D.), Boffa (R.) et Blanc (N.), *Dictionnaire du contrat*, 2018, LGDJ-Lextenso, coll. « Les dictionnaires LGDJ ».

– Porchy-Simon (S.), *Les obligations*, 14e éd., 2021, Dalloz, Coll. « Hypercours ».

– Renault-Brahinsky (C.), *Droit des obligations*, 18e éd., 2021, Gualino-Lextenso, coll. « Mémentos » ; *Le nouveau droit des contrats*, 2e éd., 2018, Gualino-Lextenso, coll. « Droit en poche » ; *L'essentiel de la réforme du Droit des obligations*, 2e éd., 2018, Gualino-Lextenso, coll. « Carrés Rouge » ; « *L'essentiel des grands arrêts du droit des obligations* », 2021-2022, Gualino-Lextenso, coll. « Carrés Rouge ».

– Terré (F.), Simler (Ph.), Lequette (Y.) et Chénédé (F.), *Droit civil. Les obligations*, 12e éd., 2018, Dalloz, Coll. Précis.

FSC
www.fsc.org
MIXTE
Papier issu de sources responsables
FSC® C022829

Imprimé en France par La Nouvelle Imprimerie Laballery, 58500 Clamecy

Ce produit est composé de matériaux issus de forêts bien gérées certifiées FSC® et d'autres sources contrôlées.

Imprimeur certifié

IMPRIM'VERT®

Achevé d'imprimer en juillet 2021
Numéro d'impression : 107447
Dépôt légal : août 2021